Christine Ordnung
mit Georg Cadeggianini
Familie am Tisch

Christine Ordnung
mit Georg Cadeggianini

Familie am Tisch

Für ein neues Miteinander –
beim Essen und darüber hinaus

Der Verlag behält sich die Verwertung des urheberrechtlich geschützten Inhalts dieses Werkes für Zwecke des Text- und Data-Minings nach § 44 b UrhG ausdrücklich vor.
Jegliche unbefugte Nutzung ist hiermit ausgeschlossen.

Penguin Random House Verlagsgruppe FSC® N001967

Copyright © 2023 Kösel-Verlag, München,
in der Penguin Random House Verlagsgruppe GmbH,
Neumarkter Str. 28, 81673 München
Redaktion: Dr. Daniela Gasteiger
Umschlaggestaltung: FAVORITBUERO, München
Umschlagmotive: iStock.com / Imgorthand; nadiia_oborska / Shutterstock.com
Umschlagklappen: U2: oben - Emely / Image Source / Getty Images; links - Studio Firma / Stocksy United; unten - iStock.com / South_agency
U3: oben - Jose Luis Pelaez Inc / DigitalVision / Getty Images; links - iStock.com / skynesher; unten rechts - Sally Anscombe / Moment / Getty Images
Satz: Satzwerk Huber, Germering
Druck und Bindung: GGP Media GmbH, Pößneck
Printed in Germany
ISBN 978-3-466-31213-9

www.koesel.de

Inhalt

Welche Farbe soll unser Tisch haben?
Elternsein ohne Montageanleitung 9

Alte Muster und neue Reflexe
Übers Seinlassen und Loslassen 17

Warum ist das heute alles so kompliziert, selbst das gemeinsame Essen?
Gegenfrage: Was ist wirklich einfach –
außer Lottospielen? 18

Unser Kind soll auf keinen Fall picky werden?
Schon passiert. Und jetzt? 31

Und jetzt Werbung?
Wenn beste Absichten den Appetit verderben 36

Aber Probieren ist Pflicht?
Über einen Glaubenssatz, der jeden Tag an Tausenden
von Familientischen viel kaputt macht 42

Kann man ein Jahr lang nur Pommes und
Leberwurstbrot essen?
Logo. Worauf es dabei ankommt 53

Hauptsache gesund?
Am Tisch gibt es nicht nur zu essen. Über gesunde
Stimmung 67

Machen Querstreifen dick?
Andererseits: Wer isst schon Querstreifen 76

Willst du dann einen Knusperwaffelwürfeljoghurt?
Von Alles-möglich-machen-Wollen zum freundlichen
Nein 84

Sprüche und Ansprüche
Eine große Frage: Was erzieht wirklich? 95

»Wie war's in der Schule?«
... und wie wir wirklich miteinander ins Gespräch
kommen 96

Wer hat mein Glas in die Tischmitte geschoben?
»Ich!« Über einen neuen Mut zur Macke 103

Darf man Teller an die Wand schmeißen?
Es macht auf jeden Fall Eindruck. Über Zoff am
Familientisch 113

Können wir das sofort besprechen?
Lieber nicht. Über Alternativen zur Hauruck-Erziehung 129

Tischlein deck dich?
Pflichten und andere Zu-Mut-ungen 134

Erziehungsirrtümer
Elf Sätze, die nichts am Familientisch verloren haben .. 151

Was sind perfekte Eltern?
Die Hölle. Wie wir mit unseren eigenen Fehlern
umgehen dürfen 156

Benehmen und annehmen
Familie auf dem Präsentierteller 161

Der Feiertagsschmaus
Lust und Frust am Übertreiben 162

Schlürfst du etwa?
Und schmatzen, rülpsen, kleckern kann ich auch! 168

Elf neue Benimmregeln
– aber für Eltern 177

Sind Großeltern große Eltern?
Was sich mit Oma und Opa beim Essen verändert 182

Muss man Kindern das Einkaufen zumuten?
Ja, bitte. Es gehört zum Leben 191

Wie können wir füreinander wertvoll sein?
Liebe und liebevolles Handeln 196

Anhang 207

Welche Farbe soll unser Tisch haben?
Elternsein ohne Montageanleitung

Wenn ein Kind in die Familie kommt, wenn Erwachsene zu Eltern werden, ist erst mal jede Menge los. Die Welt wird klein und groß zugleich, sie zurrt sich zusammen aufs Private, das gleichzeitig zentral wird. Eltern sind so beschäftigt mit Überanstrengung und Glücklichsein, dass über Gewohnheiten nicht groß reflektiert wird. Sie wollen den neuen Menschen irgendwie ankommen lassen, sich selbst und den Partner als Mama und Papa kennenlernen, einen Rhythmus als Familie finden. Und irgendwann – es ist immer noch jede Menge los – sitzt das Kind mit am Tisch: Der Esstisch wird zum Familientisch. Dieses Buch rückt ihn ins Rampenlicht.

Eltern wünschen sich heutzutage, dass ihr Kind ein entspanntes Verhältnis zum Essen bekommt. Es soll die Fülle dessen kennenlernen, was es alles gibt, es soll genießen lernen und können. Es soll auch mal einfach essen, was auf dem Tisch steht. Es soll das ganze Nebenher-Geschehen schätzen, das Zusammenkommen, den Austausch und gern auch gutes Essen. Eltern wollen ihrem Kind gute Eltern sein. In ihrem Job sind sie genauso gefordert wie noch ohne Kind, die Nächte sind unruhig. Und wo bleibt eigentlich die Partnerschaft? Alles soll und muss irgendwie reingepfercht werden in jeden einzelnen Tag, das Zusammensein beim Essen könnte da doch ein erholsamer Ort sein. Könnte, ist es aber nicht. Eltern wechseln dann oft in einen Präventivmodus. Sicherheitshalber stellen sie genau das auf den Tisch, was das Kind gern isst. Proteste und Tränen wollen sie vermeiden, Ärger vorausschauend wegpuffern. Nach einem anstrengenden Tag oder einer anstrengenden Woche fühlen sie sich dem nicht gewachsen. Und dann – das kennen alle – passiert genau das, was man so dringend vermeiden wollte. Die Kinderhand taucht ins Saftglas, die Fusilli kullern über die Tischkante, der Löffel wird hinterher gepfeffert. Der Käse, der gestern noch der Lieblingskäse war, geht heute gar nicht. Ältere Kinder schaffen es kaum, Legolandschaft oder Bastelprojekt zu verlassen. Essen wird ihnen zur lästigen Nebensächlichkeit.

Was in anderen Familien scheinbar mühelos gelingt – das gemeinsame Essen –, wird in der eigenen zum täglichen Kraftakt. Die Kinder mäkeln, Geschwister fechten ihre Kämpfe aus. Eltern sind angestrengt, ihre Gelassenheit verlässt sie immer öfter, ihre Zündschnur wird nach und nach kürzer.

Gleichzeitig sind Eltern nirgendwo sonst den eigenen Automatismen derart ausgeliefert wie am Esstisch. Das sind oft kleine Dos und Don'ts: der Marmeladenlöffel etwa oder die Küchenrolle, die auf keinen Fall fehlen dürfen. Kann Käse im Papier auf den Tisch? Darf es Abendbrot vom Teller geben oder müssen es Brettchen sein? Wie laut ist es am Tisch? Kann man aufstehen und sich was holen oder muss man es sich geben lassen? Was passiert, wenn einer rülpst? Nimmt man sich Brot oder gehört es sich, erst den Tischnachbarn zu bedienen? Darf man gleichzeitig reden, sich ins Wort fallen, mit vollem Mund sprechen? Darf das Flugzeug rechts neben dem Teller parken, zwischendurch aufgetankt werden?

Dabei rutschen wir immer wieder in uralte Reflexe. Spielzeuge haben am Esstisch nichts verloren! Mit vollem Mund spricht man nicht! Können wir nicht einmal ein friedliches Essen haben? Vielleicht gut zu wissen, dass wir nur maximal zwanzig Prozent unseres Verhaltens und Sprechens bewusst steuern, manche sprechen sogar nur von fünf Prozent. Mimik, Gestik, Tonlage, Blick, Haltung ... – wir transportieren sehr vieles, was uns nicht bewusst ist.

Es sind ungeschriebene Gesetze, oft vererbt, oft unreflektiert, die Eltern am Tisch abspulen: »Zumindest probieren könntest du.« »Hauptsache, gesund!« »Du kannst doch nicht immer das Gleiche essen.« Anderes verfestigt sich bis zum Sprichwort – oft mit beißendem Beigeschmack: Da sind Menschen, die den Hals nicht vollkriegen oder die Suppe auslöffeln müssen. Da wird jemand in die Pfanne gehauen oder über den Tisch gezogen, ein anderer lässt sich unterbuttern oder nimmt den Mund zu voll. Eltern begegnen am Esstisch ihrer eigenen Kindheit. Es ist der Ort, an dem alte Erlebnisse unerwartet auftauchen, an dem Eltern dem ausgesetzt sind, was sie selbst erlebt haben, und eingebrannte Muster und Reflexe ungewollt reproduzieren.

Der gängigste blinde Fleck von Eltern am Tisch ist, keinen zu bemerken. Ich bin überzeugt: Würde man bei einem x-beliebigen Essen in der eigenen Familie ein Aufnahmegerät mitlaufen lassen, alles mitschneiden – die vielen guten Ratschläge und die Belehrungen, die Nachbohrereien, die Kommentare und auch die Zurechtweisungen – die allermeisten Eltern könnten die Aufnahme nicht mal bis zum Ende abhören. Das soll ich sein? Warum rede ich da ständig rein? Kann mal bitte jemand meine Kinder in Ruhe essen lassen?

Wenn das Baby zum Kleinkind wird und mit am Tisch sitzt, ist ein guter Moment gekommen, um innezuhalten, um die vielen offenen Fragen einzufangen, die sich im Windschatten des Trubels weggeduckt haben. Es ist ein guter Moment für dieses Buch: Was für eine Familie sind wir da am Familientisch? Was ist uns hier, an diesen zwei, drei Quadratmetern, wichtig? Wer sitzt da alles und wie? Dürfen Gäste spontan dazukommen? Wie geht's den Geschwistern miteinander? Hat jeder seinen festen Platz? Wer kocht? Wer deckt ab? Worauf legen wir beim Essen wert? Von Beikost bis Feinkost, von Rosmarinkartoffeln mit Bio-Kalb im Gläschen bis zu Sushi, Shiitake, Seitan, von Immer-Pfannkuchen bis Wann-lernst-du-endlich-für-Mathe. Wie erleben alle die gemeinsamen Essen, die Ruhe, die Hektik, das Miteinander? Im Alltag rumpelt das romantische Ideal der immer gut gelaunten, harmonischen Familie frontal mit Einkaufen-Putzen-Steuermachen-immer-ich aufeinander. Am Familientisch wird gestritten – mal mehr, mal weniger. Das ist eine Tatsache, kein Problem. Das verwechseln Eltern oft. Das Gemeine: Je dringender wir Konflikte loshaben wollen, desto mehr und lästiger werden sie. Der Familientisch ist ein guter Ort für Streit. Jeder Erwachsene bringt eigene Erfahrungen mit diesem besonderen Ort mit. Es ist gut, sich genau darüber zu unterhalten: Wie war es bei dir am Esstisch und wie war es bei mir? Und wie wollen wir es miteinander haben?

Solche Gespräche haben ein Problem. Sie finden nicht statt. Und wenn doch, dann zu selten. Familie ist immer neu, da steckt immer Entwicklung drin. Sie ist die Beziehung in unserem Leben, in der am meisten in Bewegung ist. Der Esstisch ist der Ort, an dem sich das alles spiegelt: gute Vorsätze und tägliches Scheitern, Lachen, Streiten, Es-nicht-Hinkriegen, Neuprobieren.

Die Fragen rund um Familie am Tisch werden oft auf später verschoben oder vielleicht auch gar nicht richtig ernst genommen. Viel wichtiger sei doch – das höre ich ganz oft von Eltern –, sich mal ein Wochenende zu zweit frei zu boxen. Eine Auszeit vom Elternsein, richtig ausspannen, tüchtig durchschnaufen. Das gönne ich allen, wenn es machbar ist. Aber es hilft einem nicht im Alltag. Das Signal dahinter: Man braucht endlich mal Erholung von dieser ganzen Belastung. Ist es das, wie wir als Familie eigentlich sein wollten? Neu ist für Eltern heutzutage eine dichte Gleichzeitigkeit von vielen Rollen. Aus der Work-Life-Balance ist längst eine Kids-Life-Work-Partnership-und-wann-gehen-wir-endlich-mal-wieder-tanzen-Balance geworden.

Ungefähr ab dem Zeitpunkt, wenn ein Kind mit am Tisch sitzt, haben Eltern die Chance, und ich würde sagen, auch die Aufgabe, sich wieder um ihr eigenes Leben zu kümmern, und zwar im Zusammensein mit ihrem Kind oder ihren Kindern. Sie haben jeden Tag zu viel auf dem Teller. Sie sind erschöpft, sie wollen allem nicht nur gerecht werden, sondern es auch gut machen. Für das Zusammenleben halte ich es für überlebensnotwendig, dass die Erwachsenen im Miteinander mit ihrer Familie sich auch um sich selbst kümmern. Ein Lernfeld, das am Familientisch ins Zentrum gehört.

Manchmal schleicht sich bei Eltern etwas ein, was ich gern »Ufo-Vorstellung« nenne: Der ganze irdische Alltag mit den Sorgen, Problemen und Angespanntheiten soll dann Pause haben, man sitzt auf extraterrestrischem Raum, »endlich ein Essen in Ruhe und Frieden«. Mit diesem – oft unbewussten – und immer gut gemeinten Wunsch stehen wir uns selbst im Weg. Denn das Großwerden am Esstisch, dieses kindliche Orientieren, das Sich-Umschauen und Ausprobieren, braucht natürlich Zeit und Raum, auch für Fehlversuche und Krisen. Da wird erzählt, diskutiert, nachtarockt. Alles, was in der Luft liegt, kommt auf den Tisch. Familie, auch der Familientisch ist nicht immer das Gelbe vom Ei – wie wunderbar! Essen am Familientisch ist Familienleben. Es gibt kein Abheben, kein Ufo, keine große Pausentaste. Der Alltag geht weiter. Der Schulstress und der eingestürzte Bauklotzturm, der Zoff mit der Freundin, der Bürostress der Eltern, das schwierige Personalgespräch. Alles und jeder sitzt mit am Tisch. Und Kinder nehmen die Gestimmtheit der Eltern mit allen Poren auf.

Jede Familie ist und isst dabei auf ihre eigene Weise. Frühstücken im Stehen etwa geht für manche überhaupt nicht. Und in anderen Familien ist es das Beste, was man am Morgen an Begegnung bekommen kann. Ich kann für mich überlegen: Ist mir wichtig, was auf den Tisch kommt, welche Qualität das Essen hat, oder liegt für mich der Schwerpunkt darauf, dass wir überhaupt zusammensitzen? Dürfen die Kinder schlecht gelaunt zum Essen kommen oder ist da Eitelsonnenschein? Vielleicht muss sich gerade auch etwas ganz grundsätzlich verändern, bis hin zum Möbelstück: Unser Tisch könnte ein Drittel größer sein, damit halbfertige Legoraumschiffe und Hausaufgaben einfach schnell zur Seite geschoben werden können. Darf gerade viel parallel stattfinden? Der Tisch wächst mit. Oder umgekehrt: Der Tisch ist gerade zu breit, dass da immer fünfzehn bis zwanzig Zentimeter zu viel sind zwischen uns, vielleicht dürfen die Gegenüber näher aneinanderrücken. Brauchen wir ein gelbes Einlagebrett, klarer Bereich für Butter, Brot und Käse? Überhaupt mehr Farbe am Tisch – und welche? Darf eine Kerze in die Mitte? Braucht es eine Tischdecke, Servietten, beginnen wir zusammen? Was passiert mit Telefonklingeln, Fußballfinale, Klogehen? Stehen wir am Ende gemeinsam auf oder darf auch jemand mal früher weg?

All diese Fragen rund um den Tisch dürfen Eltern miteinander besprechen. Die Antworten werden sie immer wieder korrigieren, vollkommen über Bord werfen oder bestätigen. Welchen Weg finden wir miteinander? Natürlich kann dabei niemand Erfahrungen vorwegnehmen, die man mit den eigenen Kindern erleben wird. Die Kinder sind das erste Mal Kinder, und die Eltern sind das erste Mal Eltern. Dabei ist klar: Die ideale Familie existiert nicht. Wissen alle. Aber die Sehnsucht danach hält sich bei Eltern erstaunlich hartnäckig. Ich erlebe immer wieder, wie sich Erwachsene im Elternsein verlieren und auch wie sich Erwachsene über das Elternsein finden. Die Phasen können sich abwechseln, mal mehrmals innerhalb eines Tages, mal erst nach Wochen oder Monaten.

Dieses Buch soll Impulse geben in diesem Hin und Her, soll Bewegung in die Familie bringen. Unhinterfragte Ideale und versteckte Muster kommen in den Blick. Dabei darf es knirschen, dürfen alte Gewissheiten infrage gestellt werden.

Es gibt keine Pauschallösung, kein Allzweckwerkzeug, keine Montageanleitung. Das Buch schlägt einen anderen Ton vor, um neu miteinander ins Gespräch zu kommen. Das Buch will Anstoß sein, sich als Mutter und Vater, als Erwachsene, die mit Kindern leben, immer wieder selbst zu reflektieren, sich als Erwachsener aktiv dem Leben zu stellen, statt sich leben zu lassen.

Solange keine Kinder da sind, arrangieren sich Paare oft, passen sich einander an, ohne es sich bewusst zu machen. Mit Kindern kommt ein eigener Prozess in Gang. Das Thema drängt sich anders auf. Dann kommen Erinnerungen hoch oder auch nur Stimmungen, Atmosphären, Gefühle. Auf einmal fährt man Antennen aus, die bisher nicht auf Empfang gestellt waren: Welche Gewohnheiten bringst du mit, welche Gewohnheiten bringe ich mit? Ein guter Anfang. Die Freude am Essen oder auch die schlechte Laune, das Lachen und der Ärger – all das hat eine eigene Präsenz, Dringlichkeit, Dynamik. Da sprechen alle mit: Wie ist es heute bei uns, wie war das bei euch damals, als ihr noch Kinder wart? Da geht es vielleicht um Nebensächlichkeiten: Durfte man sich einfach nehmen oder wurde einem aufgetan? Ihr habt vor dem Essen immer gebetet? Und danach auch? Was ist eine Drehplatte? Hattest du immer den gleichen Platz? Was ist ein Klingelmesser? Genauso sind auch die großen Fragen interessant: Wie war die Stimmung? Wurdest du mal weggeschickt vom Essen? Wie viel wurde am Tisch gelacht? Musstest du mal hungrig einschlafen?

»Kinder sind für Eltern dann am wertvollsten, wenn sie am schwierigsten sind«, sagte der dänische Familientherapeut Jesper Juul immer. Viele seiner Gedanken und Erfahrungen sind in meine Arbeit und auch in dieses Buch eingeflossen. Auf seine Initiative habe ich 2010 das Deutsch-Dänische Institut für Familientherapie und Beratung in Berlin gegründet.

Wenn wir bei Seminaren mit mehreren Familien zusammenarbeiten, beginne ich oft mit der Frage: Was war ein guter Moment in eurer Familie? Viele müssen da erst mal nachdenken, müssen kramen. Sie tragen zusammen, was die Einzelnen als gute Momente empfinden. Und jedes Mal gibt es diese vielsagende Verwechslung, einige der Familien sammeln statt *guter* Momente *schöne* Momente.

Um genau diesen Unterschied geht es in diesem Buch: Wie sind wir füreinander wertvoll? Von gut bis schön, von harmonisch bis sauanstrengend, vom hehren Ideal bis zum So-wollte-ich's-nie. All das gehört dazu, macht meine Familie aus, ist wertvoll: das eine im Moment, das andere im Rückblick. Familie ist Genießen und Verzweifeln, sich Auseinander- und Zusammensetzen. Familie ist Weitermachen und sich und die anderen dabei Kennenlernen.

Wir decken in diesem Buch den Tisch noch mal neu. Der Esstisch ist das neue Wohnzimmer der Familie. Es geht um den Ort, an dem Familie heute vor allem stattfindet. Es geht um Mut und Zumutung, um alte Muster, um ein neues Miteinander und jede Menge Benimmregeln – aber diesmal für Erwachsene.

Alte Muster und neue Reflexe
Übers Seinlassen und Loslassen

Warum ist das heute alles so kompliziert, selbst das gemeinsame Essen?
Gegenfrage: Was ist wirklich einfach – außer Lottospielen?

Spielen wir mal kurz Gott: Stellen wir uns vor, wir dürften den Menschen ein wenig neu konstruieren. Wir haben natürlich im Kopf, was er alles braucht. Er muss ernährt werden, und er braucht Begegnungen, Energie und Miteinander, muss sich gegenseitig spüren.

Aber wie oft kommt es zu Streit am Tisch, die vielen Abendessen, die auf den Magen schlagen, die hektischen Frühstücksszenen, die den Tag mit schlechter Stimmung einläuten? Wäre es da nicht gut, die Bereiche Ernährung und Beziehung sauber voneinander zu trennen? Nachts etwa schlösse man diesen neuen Menschen an Geräte an. Er bekäme – optimiert auf dem höchsten Stand der Wissenschaft – genau die richtigen Nährstoffe. Es gäbe kein Über- oder Untergewicht mehr, kein Rumkritisieren mehr am Wieviel, keine umgeschmissenen Saftgläser, kein wütendes Auf-den-Tisch-Hauen, kein Schlürfen, Rülpsen, Schmatzen. Und um Beziehungen, um Familie kümmerten wir uns wann anders, vielleicht vorher, beim Spazierengehen, beim Geschichtenerzählen oder gemütlich vor dem Kachelofen, beim Angeln, Flüstern, Kuscheln, Bergsteigen …

Wir sind, so wie der Mensch jetzt konstruiert ist, existenziell aufs Essen angewiesen. Das ist so überlebensnotwendig wie Atmen – nur mit einer anderen Frequenz. Und Essen ist gleichzeitig fest verdrahtet mit einer anderen überlebensnotwendigen Zutat des Lebens: mit Bindung und Beziehung.

Essen und Beziehung sind beides Lebensmittel. Die Erfahrungen, die der Mensch beim gemeinsamen Essen macht, begleiten ihn ein Leben lang.

Kuscheln-Flüstern-Kachelofen und was sich der neue Mensch noch alles einfallen lassen würde – alles wunderbar. Das Problem dabei: Ich kann das alles auch lassen. Ich muss es nicht tun. Schon gar nicht, wenn schlechte Stimmung herrscht. Essen müssen wir trotzdem.

Die Notwendigkeit des Essens ist der Gamechanger. Essen ist das stärkste Bindemittel der Welt. Das geht am ersten Tag los beim Stillen oder Fläschchen auf engstem Raum und reicht bis ans Ende des Lebens. Jemandem, der selbst noch nicht oder nicht mehr essen kann, Essen zu geben, ihn zu nähren, schenkt Verbindung. Essen ist die Chance, ohne viel Aufhebens beieinander zu sein.

Natürlich wird so etwas auch torpediert. Verschiedene Smart-Food-Label etwa werben damit, das Beste aus dem Essen rauszuholen: Wasser drauf schütten, schlucken, fertig: »Satt in drei Minuten!« Ein bisschen Gott spielen. Es ist eine absurde Vorstellung, eine Familie um den Tisch zu versammeln: schütten, schlucken, fertig. Für All-in-one-Shakes braucht es keinen Tisch mehr, keine Gemeinschaft: »Null Prozent Unnötiges!«, heißt es in der Werbung. So etwas trinkt man im Stehen, im Türrahmen, auf dem Sprung. Dabei liegt immer so viel mehr auf dem Teller als nur das Essen. Es wäre ein lustiger Rückblick, auf die eigene Familienmahlzeiten-Biografie zu schauen, darüber mit den eigenen Kindern zu sprechen:

»Unser Studentenstandard, unser Schlachtross zu zweit, das uns über Semester gebracht hat, war gebratener Lauch mit Rührei, fast jeden zweiten Tag, billig, nahrhaft, aber Achtung: Man muss pupsen davon.«

»Der Heißhunger in der Schwangerschaft. Am liebsten Zuckerwatte, Wasabi-Chips und Suppen. Vor allem Suppen.«

»Früher, als ich Kind war, gab es überhaupt kein Olivenöl bei uns in der Familie, immer nur Sonnenblumenöl – auch für den Salat.«

»Oma hat von dem Tag erzählt, als eine Tüte mit zwei Avocados an ihrer Wohnungstür hing. Avocado wurde damals eingeführt in Deutschland, samt Rezept. Niemand kannte das. Niemand wusste, was das ist. Schält man das? Kocht man das? Und was macht man mit der Kugel in der Mitte?«

»Immer wenn ich im Supermarkt an den Säften vorbeigehe, muss ich an die Stillzeit mit dir denken. Ich habe damals so wahnsinnig viel Buttermilch mit purem Mangosaft getrunken. Das war so halblecker – aber das Beste gegen dein Bauchweh.«

»Wisst ihr, dass wir im Winter früher oft Maronen gegessen haben, als vollständiges Abendessen. Ein Glas Milch dazu und basta. Und am Schluss, wenn man schon satt ist, immer noch die restlichen Maronen schälen, weil die Schale nur warm gut abgeht.«

Vielleicht wäre es mal ein schönes Weihnachtsgeschenk: *family's finest*. Die besten Rezepte von Mama, Papa, Oma und Opa, samt Geschichten rundrum – Tagebuch und Feinkost, Erinnerung und Anregung. Gesammelt, gebunden, zum Nachschlagen, Mitkochen, Ergänzen.

Den verschiedenen Settings und Vorstellungen ist eine Sache gemein: Es gibt kein Ideal. Es ist eine zutiefst persönliche Entscheidung, was sich gut anfühlt. Und selbst das kann sich und wird sich in einer Familie auch immer wieder ändern. Der Familienesstisch schafft so viele Möglichkeiten der Verbindung und dazu einen verbindlichen Rahmen: Die Menschen setzen sich gemeinsam hin, sie nehmen Platz und nehmen sich Zeit füreinander. Das Füreinander darf dabei nebenbei geschehen, en passant. Am Esstisch erfahren wir unglaublich viel voneinander, aber auch von uns selbst. Wer kann vor Ungeduld nicht warten, wer sitzt nur halb auf dem Stuhl, wie gelassen oder gereizt reagiere ich auf verschütteten Saft? Wie schön, wenn wir dabei nicht gleich in einen Sortiermodus geraten, hier die guten, da die schlechten Erfahrungen. Es sind Erfahrungen. Und dann kann es sein, dass es einem mal den Appetit verschlägt. Was für ein wertvolles Signal! »In meiner Familie ist was Wichtiges los«, sagt mir mein Bauchgefühl. Angenehm ist das nicht. Aber informativ. Essen ist ein wunderbarer Moment, an dem sich Unzufriedenheit zeigen kann, egal wo in der Familie sie gerade wabert. Aber wie gehen wir nun damit um, wenn wir entgegen alter Gewohnheit Signale, Bauchgefühl und Konflikte nicht unter den Teppich kehren wollen?

Früher passten Familien in Schablonen. Früher war klar, was sich gehört und was nicht. In der Musterfamilie gab es um zwölf Uhr Mittagessen, um halb sieben Abendbrot. Pflicht und Tugend waren Allgemeingut: aufstehen beim Begrüßen, eine saubere Handschrift, erst mal ablehnen, wenn einem etwas angeboten wird, ordentlich am Tisch sitzen, essen, was auf den Tisch kommt … Überall in der Nachbarschaft herrschten nahezu identische Regeln: fest, streng, starr. Gehsteig kehren am Sonntag? Undenkbar. Natürlich waren Eltern auch damals keine bösen Menschen. Sie folgten einfach der Vorstellung davon, wie man es richtig macht, wie es sich gehört.

Das ist zum Glück vorbei. Zur alten Musterfamilie gibt es kein Zurück. Und trotzdem tragen wir heute noch viele Muster davon in uns. Erwachsene, die heute Eltern sind, sind oft noch mit Folgen des alten Erziehungsstils aus Kontrolle und Gehorsam aufgewachsen. Sie haben gelernt, über sich und ihre Bedürfnisse hinwegzugehen. Ihre Kindheit lang haben sie trainiert, nicht zu spüren, was sie wollen und was sie nicht wollen. Es sind Erwachsene, die in dieser Hinsicht erst mal alphabetisiert werden müssen. Wirklich gut ging es in diesem System aus Macht und Gehorsam, aus Unterordnung an vorgegebene Regelwerke eigentlich niemandem. Den ohnmächtigen Kindern nicht, die wahrscheinlich die erwachsenenfreie und unüberwachte Zeit zwischen Schule und Mahlzeiten gerettet hat, aber auch den Eltern nicht. Sie haben ihre Kinder genauso geliebt, wie Eltern heute ihre Kinder lieben. Auch wenn es schon immer Eltern gab, die sich intuitiv anders verhalten haben, so war es doch den meisten von ihnen nicht möglich, ihre Liebe in liebevollem Handeln sichtbar zu machen. Das Bedürfnis wurde als Schwäche niedergemacht, als Gefühlsduselei: »Auf keinen Fall verhätscheln!« Und auch die Kinder haben natürlich ihre Eltern genauso geliebt, wie die Kinder heute ihre Eltern lieben. Sie dachten, das ist Liebe, was meine Eltern mir zeigen. Und wenn sich diese Liebe für mich als Kind so schmerzhaft anfühlt, mit so viel Abstand, mit so vielen Regeln, dann hat das etwas mit mir zu tun. Dann bin ich verkehrt.

Noch in den Fünfzigerjahren – mit dem heutigen Wissen der Forschung wirklich grausam und brutal – wurden kleinere operative Eingriffe an Säuglingen ohne Narkose vorgenommen. Man dachte, Säuglinge hätten kein Schmerzempfinden. Dreimonatige Babys hielt man für autistische Reflexbündel, traute ihnen keinerlei Eigeninitiative zu. Kleine Kinder galten als unzivilisierte Wilde, die man erst mühsam kultivieren müsste. Der Mensch, so das dahinterstehende Konzept, kommt als leeres Gefäß auf die Welt. Wir brauchen Input und einen guten Trichter. Fertig.

Dieses Menschenbild ist zum Glück längst widerlegt. Der Mensch kommt als vollständiges Wesen auf die Welt. Nachdem neben anderen der amerikanische Entwicklungspsychologe Daniel Stern die soziale Dimension des Säuglings nachgewiesen hatte, machte er sich mit seinem Team daran, das optimale Set-up von Beziehung zu finden. Sie sichteten Hunderte Stunden Filmmaterial, beobachteten, analysierten. Wann geht es Säugling und Bezugsperson am besten? Was stärkt, was schwächt? Wie sieht der Idealzustand aus?

Er scheiterte. Es gibt keine Montageanleitung für Beziehungen, kein Einmaleins der Liebe, keine Gefühlsregeln. Das Einzige, was das Team rund um Stern als verlässlichen Beziehungsmotor entdecken konnte, waren die Unstimmigkeiten. Jede Irritation oder Störung im Beziehungsgeschehen und das darauffolgende Wiederzueinanderfinden haben die Beziehung verdichtet. Im Großen bedeutet das: Ich muss streiten, ich muss mich mit dem anderen auseinandersetzen, ich muss mal aneinandergeraten oder die Grenzen vom anderen überschreiten, sonst lerne ich ihn nicht kennen. Beziehung wächst in der Nähe, und da gibt es notwendigerweise eben auch Konflikte. Sonst entwickelt sich nichts zwischen zweien. Wenn man immer auf Abstand bleibt, passiert nichts.

Eine Beziehung zwischen zwei Menschen ist wie ein Seil. Hält jeder ein Ende des Seils in der Hand, spüren sie einander. Sie spüren, wenn das Seil gespannt ist, wenn es angespannt ist, wenn es locker hängt, wenn es in wilder Bewegung ist. Das Seil kann auch ein Faden, ein Gummiband oder Drahtseil sein. Ein Machtkampf unterbricht diese Beziehung. Es ist so, als ob das Seil um ein Tischbein geschlungen wäre. An den Seilenden kommt nichts mehr an vom anderen Menschen. Jeder spürt nur noch das tote Tischbein.

Am Familientisch gibt es jede Menge solcher Tischbeine, jede Menge Knoten und Schlaufen: »Iss weniger«, »iss mehr«, »iss ordentlich«, »pass auf«. »Du kannst jetzt keinen Hunger haben, wir haben doch gerade erst gegessen.« »Iss deinen Teller leer.« Wir haben Dutzende solcher Sprüche. Immer dann, wenn etwas wichtiger ist als die Beziehung zueinander, als die beiden Menschen, die die Seilenden halten, kann sich das Seil verheddern, die Beziehung unterbrochen werden.

Es gibt diesen ungläubigen Moment, der regelmäßig in meinen Gesprächen mit Eltern auftaucht. Zunächst oft begleitet von Misstrauen. »Was ist denn dann überhaupt noch richtig«, fragen sie etwa. Musterfamilie ist passé, aber was stattdessen? »Dann macht es ja jeder einfach so, wie er will?«

»Ja«, kann man darauf nur antworten, »hoffentlich. Und nein«, füge ich dann gern hinzu, »*einfach* ist es deswegen nicht unbedingt.« Niemand kann wissen, wie es sich anfühlt, wirklich Mutter oder Vater in dieser Familie, an diesem Familientisch zu sein. Niemand kann einem sagen, wie es richtig geht oder was falsch bedeutet. Es gibt nur individuelles, eigenes Probieren – ein Leben lang. Jede Familie ist einzigartig, von Baby bis Teenager, von Paar bis Sonntagmorgen, von Tisch bis Bein. Es gibt nicht mehr dieses: So ist es. Basta. Punkt. Stattdessen: Ich möchte es gern so haben. Können wir das probieren?

Machen wir es uns damit aber nicht ein bisschen zu einfach? Unbedingt. Wann immer es geht, bin ich dafür, genau das zu tun. Einfach machen! Beim Esstisch könnte das zum Beispiel der Ausschlafteller sein. Einen für die Kinder, wenn sie noch klein sind, Freitagnacht vor der Kinderzimmertür platziert, kurz nachdem man den Babysitter verabschiedet hat, damit die Eltern am nächsten Morgen ausschlafen dürfen; Jahre später dann wieder einen, das Kind ist inzwischen Teenager, am Wochenende, als Gegenentwurf zu: »Frühstück ist jetzt vorbei!«

Einfach machen kann auch mal heißen, im Wohnzimmer zu picknicken, dazu Filme anschauen, »*E.T.* Wer hat Lust?«. Einfach machen könnte auch ein Süßigkeitentag sein. Einmal im Jahr so viel Süßes, wie man will – von früh bis spät, einen ganzen Tag lang. Wer etwas anderes isst, etwas Nichtsüßes, scheidet aus. Ein Einfach-machen-Satz wäre auch: »Heute bin ich unvernünftig. Und morgen wird's hart. Ist es okay für dich?« Bis nach Mitternacht vorlesen, sieben Kugeln Eis, Basketballturnier in der Wohnung. Einfach machen! Schöne, ungewohnte, eigene Ausnahmen bestätigen die Regel.

Tatsächlich steckt in diesem Hinwenden zum eigenen Wollen einiges an Anstrengung. »Jeder, wie er will« bedeutet ja nicht, sich irgendwie treiben zu lassen, sondern ist der dringende Aufruf, sich tatsächlich auf die Suche zu begeben. Das grundlegende Umdenken unserer Epoche, der größte Wandel, der sich bei Familien je vollzogen hat, besteht in der Aufgabe, herauszufinden, was man selbst will – und darin, wie ich das, was ich will, mitteilen kann. Um dann zuzuhören, was die anderen wollen. Dafür muss man sich als Person und Elternteil erst mal selbst kennenlernen, wichtig nehmen, sichtbar machen. Es warten unendlich viele Entscheidungen auf Eltern mit ihren Kindern: Stillen oder nicht, Beikost aus dem Glas, wer geht wann in Elternzeit? Was machen wir, wenn wir keinen Kita-Platz bekommen? Ist es okay, den Klavierunterricht nach einem Jahr aufzuhören? Unser Sohn will gern Kleider tragen. Ab welchem Alter soll das Kind ein Handy haben? Wann soll die Dreizehnjährige abends zu Hause sein? Welche Schule ist die richtige? Ja oder Nein, dies oder jenes, keins oder beides, jetzt oder später, zusammen oder allein, wie die meisten anderen oder doch ganz eigen, eine Kugel oder vier, vor oder nach dem Essen in die Badewanne, Youtube oder Buch …

Und dabei muss man als Eltern auch noch genug Raum für das eigene Leben freiboxen, kann sich nicht hinter dem Job des Erfüllungsgehilfen der ach so schönen wie einmaligen Kindheit verstecken. Kinder von Eltern, die sich selbst immer hintanstellen, die es ihnen immer nur recht machen, die dem Alltag der anderen entsprechen, drehen durch. Ihnen fehlt Orientierung.

Also lieber die Egonummer fahren? Sich selbst ernst zu nehmen, hat nichts mit Egoismus zu tun. Es ist keine Frage von *me first*, von Macht und Kontrolle dem anderen gegenüber, sondern eine Einladung, ein Vorbild, dass die anderen mich mitkriegen, erfahren, was mir wichtig ist, und sich auch ernst nehmen und von sich erzählen. Es ist so mühsam, erraten zu müssen, was für die anderen stimmt.

Wir wissen heute, dass es nicht darum geht, Kindern das richtige Verhalten anzuerziehen. Kinder brauchen Bezugspersonen, an deren Verhalten sie sich orientieren können. Die Orientierung kommt am besten von jemandem, der möglichst gut weiß, was er will und nicht will, und es ehrlich ausspricht oder auch eingesteht, wenn er es gerade nicht so genau weiß. Der sich nicht hinter einer Fassade versteckt und seine Kinder in eine Form reindrücken will. In diesem Miteinander können Eltern und Kinder gemeinsam lernen.

Die Suche nach dem eigenen, persönlichen Weg ist mitunter schmerzhaft und problembeladen und sicherlich lang und prinzipiell und glücklicherweise immer wieder veränderbar, also nie fertig, aber sie birgt den unschlagbaren Vorteil, dass es der eigene Weg ist, die eigene Familie. Und mit diesem eigenen Weg ist viel mehr an Herzlichkeit möglich, viel mehr an sich gegenseitigem Genießen.

Um das Zusammenwachsen geht es in den meisten meiner Beratungen mit Eltern und Familien. Ich erlebe bei den Erwachsenen dabei oft eine große Verunsicherung. Das ist gut so. Es ist schlau, unsicher, oder besser: für Verunsicherung offen zu sein. Lang genug wussten Generationen von Eltern ganz genau, was richtig ist für Kinder und was falsch. Zu diesem autoritären Erziehungsstil gibt es kein Zurück mehr. Und es gibt auch kein Standardmodell, kein One-fits-all-Familienkonzept. Eltern müssen heutzutage – und dazu gibt es keine Alternative – ihren ganz eigenen, individuellen Stil für ihre Familie finden.

Die Erwachsenen, die heute Eltern sind, hatten als Kinder noch wenig Berührung mit dieser Fragestellung: Wer bin ich und was will ich? Weder hatten sie die Freiheit dazu, noch wurden sie an dieser Stelle gefordert. Erwachsene dürfen heute lernen, rauszufinden, was sie wollen. Und sie dürfen lernen, es auf eine Art zu vertreten, ohne es durchsetzen zu müssen. Ohne ein schlechtes Gewissen zu haben, wenn sie ihre Grenze vertreten: »Ich will nicht, dass ihr die Kugelbahn weiter in meinem Zimmer aufbaut.« »Ich will einmal in der Woche einen Familienabend.« »Ich will nicht mehr fürs Frühstück zuständig sein. Nächste Woche höre ich damit auf.«

Wenn Erwachsene es schaffen, Auseinandersetzungen in der Familie als Chance zu sehen, durch das, was ihre Kinder ihnen rückmelden, mehr zu sich selbst zu finden, dann ist der Weg großartig. Finden Eltern mit ihrer Familie eine Balance zwischen Routinen und Freiheit, ein sich immer wieder neu Austarieren, sich an Gewohnheiten anlehnen zu dürfen, ohne in eine Starre zu kommen?

Die Fähigkeit, eigene Entscheidungen zu treffen und dafür Verantwortung zu übernehmen, ist heute die entscheidende Schlüsselqualifikation des menschlichen Miteinanders. Dazu gehört auch, Fehler zu machen und damit neu umzugehen: »Ja, so habe ich entschieden, jetzt kann ich sehen, dass das für dich schwierig ist.« Dann zu erleben, dass die Welt nicht untergeht, dass ich nicht verurteilt werde, wenn ich eine Entscheidung getroffen habe, die ich heute so nicht mehr treffen würde. Familien gehen heute in eine andere Form von Austausch und Miteinander.

Dazu gehört auch, dass wir uns ein passendes Rückgrat zulegen, dass es uns nicht umschmeißt, wenn die Kinder heftig protestieren oder wenn wir nicht alles bekommen, was wir wollen. Denn natürlich wird man nicht alles bekommen.

Es kommen immer wieder Eltern zu mir, die sagen: »Ich bin gerade einfach nur hilflos. Ich weiß nicht mehr, wie wir mit unseren Kindern einen guten Alltag hinkriegen. Beim Essen ist es chaotisch. Wir kommen in der Früh nicht mehr gut aus dem Haus. Ich will auf keinen Fall so mit meinen Kindern umgehen, wie ich es erlebt habe. Aber ich weiß nicht, wie es anders geht.«

Welcome to the journey! Diese Eltern können sich eingestehen: Wir schaffen es gerade nicht so, wie wir es uns eigentlich vorgestellt haben. Wir bewegen uns meistens jenseits des Ideals. So sind wir Eltern, dazu sind wir zurzeit in der Lage.

Ich wünsche Familien heute einen Experimentiermodus, eine grundsätzliche Kultur, in der Eltern sich erlauben, über ihr Wohlbefinden, aber auch über ihr Unwohlbefinden zu sprechen. Genau diese Unsicherheit im Sinne von: »Ich weiß gerade auch nicht weiter, aber ich kümmere mich darum«, ist ein gutes Signal ans Kind.

Ich finde es sinnvoll, dass sich Familien zu Hause vielleicht alle zwei bis drei Monate zusammensetzen: »Wie läuft es eigentlich bei uns?« Die Eltern dürfen anfangen, sich gegenseitig zu befragen, sie sind die Leuchttürme: Geht es dir gut? Bist du zufrieden? Bin ich zufrieden? Stelle ich mich gerade sehr an? Was fällt mir leicht? Was fällt mir schwer? Was genieße ich? Was genieße ich überhaupt nicht mehr? Wie geht es uns als Paar?

Und dann schaut man in die Runde: »Und wie ist es bei euch?« Die Kinder werden nicht abgefragt, aber die Eltern hören hin, wenn sie erzählen, wie es ihnen geht. Ihr Beitrag ist willkommen. Haben Eltern Lust, das von ihren Kindern zu hören, oder haben sie ein bisschen Angst davor? Hoffen sie, dass sie Bestätigung kriegen? Fürchten sie zu versagen? Eltern haben großen Einfluss auf ihre Kinder und sie müssen mit dem Gut-genug-Zweifel leben. Bringe ich unsere Kinder auf einen guten Weg oder versäume ich etwas? Das erfahren sie mit etwas Glück zwei bis drei Jahrzehnte später.

Ich bin überzeugt: Wären wir nicht zum Essen verdammt, sähe unser Leben, unser Miteinander komplett anders aus. Ohne Essen würden Familien auseinanderfallen. Und ich bin mir sicher: Die Konflikte würden uns mehr fehlen als die harmonischen Momente. Ich als Göttin würde an der festen Verdrahtung von Essen und Beziehung unbedingt festhalten.

Die Streitigkeiten, die am Esstisch hochkochen, denen niemand entkommt, die sind absolut notwendig: Wie sonst sollen wir uns selbst und die anderen kennenlernen? Eine gemeinsame Mahlzeit zwingt uns, uns mit Situationen auseinanderzusetzen – oder ganz wörtlich zusammenzusetzen –, auf die wir sonst vielleicht keine Lust hätten und denen wir einfach ausweichen würden. »Boah nee, Familie ... Ich bin heute raus.«

Aber: Essen muss man. Mit oder ohne gute Stimmung. Und wo gegessen wird, wird so viel mehr verhandelt: von Liebe bis Aneinandergeraten, von unbewussten Reflexen bis zu eigenen Grenzen, von Wohlfühlen bis Streiten. Wir sind geneigt, in alte Anleitungsreflexe zurückzukippen, mit Benimmregeln und einem aufgestampften »Das gehört sich nicht« auf Abstand zu gehen, gerade wenn es stressig wird.

Abstand zu erfahren, kann man auch als Einladung lesen, wieder in sich reinzuhören, Anregungen zuzulassen, neue Energie für die Suche nach dem eigenen Weg zu finden. Welche Schemata habe ich mir angewöhnt, und: Gefallen sie mir eigentlich noch? Darf ich hinterfragen, was wir tun, oder ist das eine heilige Kuh? Und warum ist es eine heilige Kuh, dass wir so und nicht anders essen?

Unser Kind soll auf keinen Fall picky werden?
Schon passiert. Und jetzt?

Mäkelig, picky, heikel, kompliziert, wählerisch, empfindlich, anspruchsvoll, sensibel, zimperlich, kritisch, überkritisch und Extrawurst, immer diese Extrawurst! Wir haben eine ganze Palette von solchen Signalworten. Sie alle bezeichnen ein irgendwie angespanntes Verhältnis zwischen Kind und Esstisch. Sie alle sind Zuschreibungen, die Erwachsene Kindern wie Label umhängen.

Ich erlebe das beim Arbeiten mit Familien neuerdings überraschend oft. Obwohl alle eigentlich einen wohlwollenden Blick auf ihre Kinder haben, rutschen Eltern auf diese Schiene. Die Bedenken von Eltern tauchen öfter und früher auf. Sie verändern die gemeinsamen Esssituationen. Dabei spielt es keine Rolle, ob das Kind tatsächlich nur sehr ausgewählte Speisen isst. Manche Eltern sprechen diese Zuschreibungen ein bisschen freundlicher aus, manche ironisch, andere offen spitzfingrig oder abkanzelnd, manchmal mit einem kleinen Augenrollen dazu: »Du, Kind, stellst dich ein bisschen an beim Essen.«

Die Etikettierung folgt dabei einem jahrhundertealten Reflex: Wenn es nicht so läuft, wie die Erwachsenen es sich vorstellen, dann liegt es an den Kindern. Bis vor einigen Jahrzehnten war das ganz normal. Auch wenn sich seitdem viel geändert hat, werden die Gründe dafür, wenn Eltern nicht mehr weiterwissen, immer noch gern bei den Kindern gesucht. Zum Beispiel auch, weil ihr Kind vielleicht nur wenige ausgesuchte Lebensmittel essen mag. Es funktioniert wie ein Selbstschutz für die Eltern: An uns liegt es nicht! Ein Schutz, der für beide Seiten nicht sehr effektiv ist.

Dabei fängt es meist gut an. Eltern sind neugierig, den kleinen neuen Menschen kennenzulernen, mit dem, was er mitbringt, mit dem, wie er die Welt wahrnimmt, darauf zugeht, damit experimentiert. Eltern versuchen, das Kind zu verstehen, hören genau hin, probieren, tasten sich heran und verwerfen. Sie begleiten das neue Familienmitglied beim vorsichtigen Strecken und Ausweiten seines Aktionsradius. Niemand würde auf die Idee kommen, ein Baby »wählerisch« zu nennen. Im Gegenteil, Eltern sind heilfroh, wenn ihr Kind ausspuckt, was es da im Sandkasten findet und sich in den Mund steckt. Niemand würde da sagen: Achtung, aufgepasst, nicht, dass das Kind picky wird!

Und am Esstisch geht es erst mal ähnlich weiter: Die Hände des Kindes strecken sich allem entgegen, was in oder auch außer Reichweite ist. Was die anderen in der Hand haben oder sich nehmen, ist auf jeden Fall interessant. Ob es direkt in den Mund kommt, vorerst nur untersucht oder aus sicherem Abstand betrachtet wird, ist für Erwachsene unvorhersehbar. Der kleine Mensch ist ganz Forscher: Farbe, Form, Konsistenz, Geruch, Geschmack – alles ist wichtig, gern einzeln, getrennt voneinander, im Vergleich, möglichst nicht gemischt. Dieses Forschen können die Erwachsenen je nach Tagesform mal mehr, mal weniger zulassen. Mal geht nicht mehr als Karotten- und Gurkenstifte, ein andermal wird der Joghurt in Reichweite geschoben, ein Löffelchen dazu. Kann man ja hinterher aufwischen. Eltern lernen schnell, was sie wann als Fingerfood anbieten wollen und was dafür ungeeignet ist. Die Eltern freuen sich, wenn es ihrem Kind schmeckt, sie sind vielleicht erstaunt, dass es auch Oliven und Kapern im Mund behält. Dabei lernen sowohl Kind als auch Eltern jeden Tag dazu. Sie verfeinern ihr Miteinander, ihre individuelle Verständigung, ihr gegenseitiges Lesen.

Aber irgendwann gewöhnen sich Eltern diese abwartende, vorsichtige, Freiraum gebende Haltung ab. Sie denken: »Jetzt müssen wir die Grundlagen für ein vernünftiges und gesundes und variantenreiches Ernährungsverhalten unserer Kinder legen.« Es wird dann ernst am Tisch, als ob sich ein Schalter umlegen würde. Aus der zugewandten Haltung wird eine zukunftsgewandte.

Vielleicht wenn die Lätzchenzeit vorbei ist, das Plastiklöffelchen mit echtem Besteck ersetzt, der Holzbügel aus dem Hochstuhl entfernt wird, wenn Kinder eigenständig essen und selbst auswählen. Eventuell trifft es eine Perforationslinie der Eltern. Sie sind möglicherweise seit der Säuglingszeit in Habtachtstellung. Wenn ihr Kind nicht zu den properen Babys zählt und sich in den Gewichtstabellen der U-Untersuchungen in der 10er- oder 3er-Perzentile bewegt, irgendwo am unteren Rand ... Genauso andersherum, die Wonneproppen, die in der Tabelle am oberen Rand oder darüber stehen. Normvorgaben können Orientierung geben, aber sie lösen immer wieder auch Stress aus. Und auch bei Eltern, die entspannt der Babykost und dem Gedeihen der Kinder vertraut haben, schrumpft oft irgendwann das Vertrauen.

In Mäkel-Panik verfallen Eltern in eine Art vorauseilenden Aktionismus. Sie warten nicht ab, wie sich das Kind Essen, Probieren, Geschmack nähert, was es wann kennenlernen will, sondern spulen ein fast automatisches Programm ab. Zentrale Frage: Wie bringen wir unser Kind zum Essen, und zwar so, dass es möglichst alles mitisst, dass es nicht etwas ablehnt, einfach um des Ablehnens willen? Wir wollen doch verhindern, dass unser Kind jemand wird, der an allem was auszusetzen hat, dem es niemand rechtmachen kann, der Essen schlechtmacht und ständig dran rummäkelt.

Diese Befürchtungen wirken natürlich auf die Atmosphäre am Tisch. Vor allem aber laufen die Zweifel, die Bedenken, das Misstrauen, die in diesem Programm stecken, Gefahr, wie eine selbsterfüllende Prophezeiung wahr zu werden. Eltern können sich dann dieses Experimentieren, das Kennenlernen-Dürfen, das Ausprobieren-Lassen nicht mehr bewahren. Das ist schade – und folgenreich.

Denn wie Eltern auf die Frühphase dieses Wählens reagieren, mit wie viel Sorge, Unruhe, Ahnung, mit wie viel Vorausschauen, Erwartungen, Rechtmachen-Wollen, Besserwisserei oder mit Vertrauen, mit beschreibenden Worten, mit wie viel Interesse diese ersten zaghaften Entscheidungsbewegungen begleitet werden, macht maximalen Eindruck auf das Kind.

Am Tisch heißt das: schmecken, fühlen, wahrnehmen! Dieses Erfahrungen-Machen findet täglich nonstop statt, bei jedem Essen. Eltern wünschten sich öfter mal Mahlzeiten mit weniger davon … Was kommt da rein in meinen Mund? Wie fühlt sich das an? Was passiert da mit mir und dem großen Thema Schmecken? Darf ich das kennenlernen? Wie geht es den anderen am Tisch? Wie viel Zeit und Gelassenheit gibt es hier? Können mich meine Eltern beim Schmeckenlernen unterstützen? Finden sie Worte für mein Erleben, ohne zu manipulieren, ohne zu bewerten?

Eigentlich wissen wir es ja: Kinder kommen als vollständige Menschen auf die Welt, ihnen fehlt Erfahrung. Die – und dafür gibt es keine Abkürzung – müssen sie machen. Und zwar selbst. Selbst, aber nicht allein. Kleine Kinder brauchen Erwachsene, die ihnen Worte für das eigene Erleben anbieten. »Sieht so aus, als ob dir das schmeckt. Reicht es dir oder möchtest du mehr? Tomate hast du schon probiert, die wolltest du gar nicht. Du kannst sie gern noch mal versuchen.« Ältere Kinder können sich selbst so viel nehmen, wie sie möchten. Nicht allein heißt auch, dass die

Kinder Begleitung, Unterstützung und ehrliche Rückmeldung bekommen. »Du kannst dir gern erst mal ein bisschen davon nehmen und später mehr.« Oder: »Heute hast du dir mehr aufgetan, als du essen kannst. Okay.« »Brauchst du Hilfe beim Aufschneiden des Brötchens?« »Die Orange schäle ich jetzt für dich. Ich bin heute ungeduldig.«

Vielleicht können Eltern neues Zutrauen in die eigentlich positive Bedeutung gewinnen, die hinter Worten wie wählerisch oder sensibel steckt. Eine Wahl treffen zu können, das ist für viele nicht so einfach. Sensibel zu sein und empfindsam, für sich selbst und dafür, was man gern essen mag, ist eine elementare Grundausstattung fürs ganze Leben: Nur so kann ich wahrnehmen, was mir guttut und was eher nicht. Viele Erwachsene wären froh, sie hätten sich diese Fähigkeiten bewahren können.

Und jetzt Werbung?
Wenn beste Absichten den Appetit verderben

Probierhubschrauber kreisen am Tisch, brummende Löffelchen gestrichen voll mit zartem Gartengemüse suchen dringend einen Landeplatz: »Hm. Das schmeckt aber unglaublich lecker. Guck mal, der Papa isst das auch. Und die Mama erst – wie die das liebt. Und das magst du doch auch!«

Wenn Kinder mit am Tisch sitzen, rutschen Eltern am Tisch oft in eine Art Reklamemodus. Sie schalten dann einen Werbeblock vor jedes zweite Häppchen, werden zum Promoter. Es geht darum, Essen spielerisch unterzujubeln. Es geht um Ablenkung, damit das Kind gar nicht erst merkt, was es da alles Gutes und Gesundes zu sich nimmt. Man kann sich so eine Szene mal bei einer Essenseinladung am Erwachsenentisch vorstellen. »Magste nicht? Wirklich? Ach komm! Wenn ich dir die Augen verbinde, dir das Essen als Titel deines Lieblingsromans lege?«

Über die Hubschrauber-Fütterei machen sich Jugendliche heutzutage auf TikTok lustig. Es gibt eine ganze Meme-Maschine, die diesem Muster folgt: Ein Jugendlicher wird sehr normal und nebensächlich gefragt, ob er dieses Eis, diese Pommes, dieses Stück Blumenkohl essen will. Er lehnt dankend ab. Vielleicht noch eine Nachfrage: »Wirklich nicht?« – »Nein, danke, ich bin satt.«

Die Kamera folgt dem verschmähten Lebensmittel, das Gegenüber gerät aus dem Blick, nur um Sekunden später mit einer jahrmarktschreierischen Stimme zurückzukommen: »Here comes the airplane!« Das Gegenüber ist dann – Zaubertrick! – vollkommen von den Socken und reißt in einer irren Wollust den Mund auf.

Was vielen Eltern nicht so klar ist: Welche verschiedenen Speisen auf dem Tisch stehen, ist für Kinder gar nicht so wichtig. In erster Linie geht es ihnen um die Gemeinschaft mit den Eltern, um das Zusammensein, die Atmosphäre, das Miteinander. Das In-Kontakt-Sein und Sich-Angenommen- oder Kritisiert- oder Skeptisch-Betrachtet-Fühlen, das ist für Kinder am beeindruckendsten. Sie dürfen von Anfang an so selbstverständlich wie möglich mit am Tisch sitzen. Respektvoller Umgang bedeutet: Das Essen darf auf ihrem Teller genauso aussehen wie bei den Erwachsenen – und wird nicht schon in der Küche kleingeschnitten oder vermischt.

Mit Eltern, die es ihrem Kind wie einem besonders wichtigen Kunden recht machen wollen, erlebt ein Kind kein Zusammensein. Der Kunde ist König, heißt es immer. Auf dem Königsthron ist es jedoch sehr einsam. Es gibt viele Spielarten, wie Kinder am Esstisch manipuliert werden. Das fängt ganz leise an mit: »Das schmeckt lecker, das magst du.« Solche Sätze sind schon erste Hubschrauber.

Diesem Anpreisen gemein sind mindestens zwei Dinge. Erstens: Sie sind gut gemeint. Eltern geht es darum, dass das Kind ordentlich isst. Ordentlich im Sinne von ausreichend, und manchmal auch ordentlich im Sinne von manierlich. Was Eltern darunter konkret verstehen, liegt zum Teil weit auseinander. Eltern finden mit ihrem Kind die eigenen Grenzwerte, die auch von Tag und Stimmung abhängig sind. Sehr anstrengend kann es werden, wenn Kleckern, Bröseln, Tropfen nicht sein dürfen; wenn Eltern ständig zwischensäubern, wenn der Anspruch an Reinlichkeit beim Essen sehr hoch ist, geht das oft auf Kosten des Genusses.

Zweitens: Sie nehmen das Kind nicht ernst. Kein Erwachsener würde so zum Essen animiert werden. Sie verwirren das Kind – und das ist noch sehr vorsichtig ausgedrückt. Gurkensterne, Karottenblumen, das Spiegelei in Herzform? Vollkornbrote, die als Osterhasen ausgestochen werden, Pfannkuchen wie Rorschachtests: Was siehst du? Damit können Eltern und Kinder gemeinsam Spaß haben. Opa faltet seine Serviette zur Maus, legt sie in die flache Hand, streichelt sie, »zahmes Mäuschen, fein«. Plötzlich – ein kleiner, geheimer Schubs genügt – krabbelt die Maus den Arm hoch. Großes Kindergejauchze! So etwas kann Anspannung am Tisch auflösen, das Kind vom Thron befreien, die Atmosphäre öffnen. Das gelingt nicht, wenn Erwachsene mit Vollkornhasen und Serviettenmäusen Hintergedanken verfolgen.

»Mögen hätt ich schon wollen, aber dürfen hab ich mich nicht getraut.« Mit diesem Satz spannt Karl Valentin das Feld auf, in dem Kinder heute durch Erwartungen, Befürchtungen und Werbeblöcke durcheinandergebracht werden. Das Problem: Das Kind wird nach außen orientiert, kennt sich nicht mehr aus. Zunächst trauen Kinder nämlich erst mal immer ihrer eigenen Wahrnehmung. Sie nehmen alles Mögliche in den Mund, probieren, nehmen nach oder spucken es wieder aus. So einfach, so kompliziert. Denn jetzt kommt dieser Trommelwirbel der Eltern, das Werben, das Befürchten, die Sorgen, das Besserwissen, das die Wahrnehmung der Kinder irritiert. Denn es ist ja ein vorsichtiges unerfahrenes Sich-Vortasten des Kindes, ein erstes Ausprobieren, und das kann leicht gestört werden.

Es verunsichert zutiefst, wenn die vertrauten Eltern plötzlich abtauchen und in neue Rollen schlüpfen. »Mama schneidet dir die

Zucchini, und schau mal: Mama isst die auch.« Wenn ich Eltern höre, die mit ihren Kindern in der dritten Person sprechen, bin ich jedes Mal verwundert. Ja, Kinder selbst sprechen manchmal so. Aber Erwachsene machen sich ihrem Kind nicht besser verständlich, wenn sie es ihm nachmachen. Es ist unmöglich, mit einem Menschen eine Beziehung zu entwickeln, der das Wort »ich« nicht benutzt.

Kinder gewinnen einen Eindruck von der Welt, indem sie beobachten. Sie nehmen wahr, wie sich das Umfeld verhält, wie wer wann reagiert. Das ist ein bisschen wie das erste Umschauen in einem Escape-Room: Wie geht das hier? Was sind die Gepflogenheiten? Wie sind die Spielregeln? Welcher Code wird verlangt? Was sind die Schlüssel? Es ist eine Suche nach Indizien, die einem den Weg weisen.

Eltern ist oft gar nicht bewusst, was sie alles für Signale in diesen Escape-Room reinschicken. Kinder finden Indizien, die Eltern gar nicht bewusst waren, ausgesendet zu haben. Das gespiegelt zu bekommen, birgt die Chance, auf die eigenen blinden Flecke hingewiesen zu werden.

Auf dem Tisch liegt jetzt also das Zitronenhähnchen, es sieht irgendwie komisch aus. Warum gehören da Zitronen hin? Und noch dazu fühlt sich das pelzig an im Mund, irgendwie ungemütlich. Jahre später wird das Kind vielleicht ein Wort dafür haben, »herb« oder »bitter«, das kommt von der Zitronenschale. Jetzt ist die vorsichtige Geschmackswahrnehmung einfach nur: »Ich würde es am liebsten nicht essen.« Aber um mich herum ist so eine erwartungsvolle Unruhe. Dieses Essen soll irgendwie das Tollste sein. Papa summt die ganze Zeit nur rum. Mama hat mir das Fleisch ausgelöst, schaut so hoffnungsfroh, so erwartungsvoll: »Und? Hähnchen magst du!« Und dann bin ich irritiert. Ich kenne mich nicht mehr aus. Die Eltern sind dann nicht mehr die Menschen, die ich als ihr Kind kenne. Es gibt keine Verbindung mehr, ich bin allein.

Kinder reagieren darauf auf zwei verschiedene Arten. Die einen schlucken, die anderen brüllen. Beide Reaktionen sind nicht selbst gewählt. Die Kinder passen sich dem Verhalten der Erwachsenen an. Die einen erfüllen den Wunsch und die anderen erfüllen die Bedenken. Mit dem Schlucken kommen Kinder dem vordergründigen Wunsch nach. Die Werbung funktioniert. Die Kinder, die sich dagegen wehren und brüllen oder unruhig werden oder das Essen verweigern, erfüllen die negativen Erwartungen. Das also, was dieser Werbung der Erwachsenen zugrunde lag: »Unser Kind wird das nicht essen wollen.«

Egal wie Kinder reagieren, gemeinsam ist ihnen, dass so ein Essen für sie von Fremdbestimmung geprägt ist. Rauszufinden, was die eigene Wahrnehmung ist, ist für Kinder in so einer Situation unmöglich. Sie werden von ihrer noch unerfahrenen Wahrnehmung abgelenkt, auch weil überhaupt kein Interesse dafür da ist. Von Eltern ist das sicherlich nicht so gedacht, bei Kindern kommt das in gute Laune verpackte Drängeln aber als fehlendes Vertrauen an. Die Eltern sind in einer gewissen Aufregung. Das überträgt sich, dann kann das Kind auch nicht entspannt sein. Ein kleiner Alarm macht sich breit.

Die Hauptbotschaft ist: Das, was bei dir selbst passiert, ist nicht so wichtig. Es ist viel wichtiger, dass wir dich dazu kriegen, das zu tun, was wir wollen. Dann sind wir Eltern glücklich. Und das irritiert Kinder massiv: Stimmt etwas mit mir nicht? Bin ich falsch?

Jetzt wäre das alles nicht so wild, wenn das Kind das klar benennen könnte. Wenn es sagen könnte: »Mal langsam, liebe Eltern. Lasst mich doch einfach mal in Ruhe probieren. Ich vertraue meinem Bauchgefühl. Das weiß ziemlich gut, was gerade im Moment passt oder was nicht, wie viel Hunger ich habe und wann ich satt bin und ob diese Geschmacksrichtung meiner empfindlichen Zunge und meinem Gaumen gerade guttut. Vielleicht probiere ich euer Zitronenhähnchen in zwei, drei Jahren noch mal? Vielleicht schmeckt es mir dann?« Was stattdessen passiert: Das Kind verliert den Zugang zur eigenen Wahrnehmung, lenkt seine Aufmerksamkeit nach außen. Das Gefühl von sich selbst, gerade wenn es so jung und wenig sattelfest ist, ist leicht zu übertönen. Es braucht Zeit und ruhiges Interesse, um zu gedeihen. Und das brauchen auch die Eltern.

Aber Probieren ist Pflicht?
Über einen Glaubenssatz, der jeden Tag an Tausenden von Familientischen viel kaputt macht

Probieren ist König. Wie sonst soll man überhaupt Neues kennenlernen, sich entwickeln, auf unerforschtes Terrain vortasten? Ohne Probieren bleibt alles beim Alten, gibt es kein Vorankommen, keinen Fortschritt. Probieren ist also eigentlich nie verkehrt. Zur Not lässt man es halt danach. Hat nicht geschmeckt, war nichts, basta.

Menschheitsgeschichtlich ist der Homo curiosus ein absolutes Erfolgsmodell. Die Lust am Experimentieren, die Neugierde auf Unbekanntes, ist der entscheidende Treibstoff. Der Mensch ist ein Probier-Tier. Und auch das Groß- und Größerwerden von Kindern, die persönliche Entwicklung also, braucht das Probieren. Etwas völlig anderes ist die Pflicht zum Probieren. In Gesprächen mit Eltern höre ich immer wieder, dass sie daran festhalten. Warum? Was passiert da? Wo kommt die Pflicht überhaupt her? Warum hält sie sich so hartnäckig, und wo liegen versteckte Chancen?

Eltern wollen ihrem Kind die Chance geben, Neues zu entdecken. Die Familie soll dabei Experimentierraum sein, ein geschützter Bereich – mit einer Tür zu Neuem, die höchstens angelehnt ist. Wie kann ich als Vater oder Mutter Entdeckerlust wecken? Wie lebe ich eine positive Grundhaltung zu Neuem vor, zum noch Unbekannten, zum Kennenlernen?

Das mit der Pflicht ist gut gemeint. Es könnte dem Kind ja schließlich doch auch schmecken. Wäre es nicht unverantwortlich, ihm das Gericht vorzuenthalten? Und schließlich kann es doch auch nur so erfahren, was ihm nicht schmeckt, oder? Wenn ich Eltern frage, warum ihnen dieses Probieren so wichtig ist, dass sie es zur Pflicht deklarieren, dann kommen ganz oft Sätze wie: »Das ist doch wichtig, dass mein Kind auch verschiedene Geschmäcker ausprobiert.« »Sonst entgeht ihm ja was.« »Ich will einfach, dass es offen für Neues ist.«

Eltern haben heutzutage vor wenig so viel Angst wie davor, etwas zu versäumen. »Ich will dir, liebes Kind, die ganze Bandbreite zur Verfügung stellen und nicht daran schuld sein, dass du später vielleicht keine feinen Geschmacksnerven hast. Dass du heikel wirst, jemand, der woanders nicht mitessen kann, weil du so kompliziert bist. Zumindest probieren! Das muss sein.« Vielleicht nicht gleich die gegrillte Aubergine mit Tahin, Kreuzkümmel und andere Ottolenghereien, vielleicht nicht gleich Ü-18-Gemüse, aber zumindest die Zuckerschoten, zumindest den Blumenkohl mit den in Butter gebräunten Semmelbröseln, zumindest Guacamole. »Das schmeckt doch jedem!«

Heutzutage werden Kinder nicht mehr gezwungen, das zu essen, was auf den Tisch kommt. Das haben Eltern gelernt. »Du bleibst so lange sitzen, bis du aufgegessen hast!« Diesen Zwang aus ihrem eigenen Eltern- oder Großelternhaus sollen ihre Kinder nicht mehr erleben müssen. Aber zumindest probieren, das wird doch wohl drin sein! Es werden Faustregeln aufgeführt, nach denen ein Kind siebenmal probieren müsse, bis es ein Lebensmittel als schmackhaft oder essbar abspeichert. Just give it a try! Spielerisch soll ins Probieren reingefunden werden, etwa mit dem

Schlecken-Spucken-Schlucken-Spiel. Eins nach dem anderen – und immer wieder loben. Manche Eltern glauben, dass es ohne ein bisschen nachhelfen nicht geht. Einfach nur »Nein, mag ich nicht«, das können Eltern dann oft nicht akzeptieren.

Der Teller muss nicht mehr leergegessen werden, aber die Pflicht zum Probieren hat sich gehalten. Nicht aus Bösartigkeit, eher aus einem Automatismus heraus. Wie ein unreflektiertes Überbleibsel aus einer anderen Zeit. Viele Dinge hinterfragen wir, klopfen sie daraufhin ab, ob sie zu uns und dem, was uns wichtig ist, passen. Andere Dinge transportieren wir einfach weiter, ohne dass wir uns dessen überhaupt wirklich bewusst sind. Genau so etwas ist die Probierpflicht. Sie versucht, das Rad zurückzudrehen, eine sichere Bank von früher rüberzuretten aus einer Zeit, in der es eine Musterlösung gab: Probieren muss man, da mache ich nichts falsch. Damit bin ich auf jeden Fall auf der richtigen Seite. Das sind erlernte Verhaltensmuster, die wir zum Teil unbemerkt übernommen haben. Es kommt darin aber auch die Sehnsucht nach einfachen, klaren Richtlinien zum Ausdruck. Warum nur – verdammte Hacke – werden diese Kinder auch ohne Bedienungsanleitung ausgeliefert?

Das Problem ist, dass wir mit der Probierpflicht nicht nur all die gewünschte Offenheit, die Neugier und die Lust am Probieren beim Kind genau nicht erreichen, sondern weit mehr aufs Spiel setzen: die Qualität unserer Beziehung. Ernährung ist wie Beziehung für uns Menschen ein sehr sensibler Bereich. Viele der Probleme, die ich in Familien erlebe, spielen sich am Esstisch ab. Oft haben sie das Essen auch zum Gegenstand, ein vermintes Terrain. Kinder sind hier sehr leicht irritierbar, verwundbar, verletzlich – genauso wie Erwachsene auch. Das Kind ist verwundbar, weil die Probierpflicht gegen sein eigenes Empfinden geht. Warum soll mir das jetzt schmecken, warum soll ich das jetzt probieren, wenn ich doch genau spüre: »Nee, lieber nicht.« Die Geschmacksnerven von Kindern haben eine viel höhere Sensibilität als die von Erwachsenen. Sie merken viel schneller: Geht oder geht nicht.

Probieren braucht Zeit. Wenn die Stimmung ohnehin angespannt ist, wenn alle schon ein bisschen nervös sind – ausgerechnet dann die Probierkarte zu spielen, ist ausgesprochen mieses Timing. »Jetzt iss halt auch mal davon!« verdirbt unter Umständen auch die Möglichkeit fürs nächste Mal. Etwas zu kosten, geht für kleine Kinder nicht mal so auf die Schnelle. Dazu kommt eine gewisse Launenhaftigkeit. Offenheit ist einfach auch tagesformabhängig: Was heute absolut nicht geht – vielleicht kann ich's morgen probieren? Das gilt aber nur, wenn das Probieren nicht zu einem Machtkampf ausartet. Wenn es nicht zu einem »Du musst!« wird. Erwachsene denken, sie würden mit der Pflicht Türen öffnen. Das Gegenteil ist der Fall. Eltern vertun keine Chance, wenn sie ein »Nein« akzeptieren: Sie schaffen damit eine Chance fürs nächste Mal.

Oft werden Dinge ungut kombiniert. Das Probieren etwa mit Verboten: »Du kannst nicht immer nur Nutella/Spaghetti/Leberwurstbrot essen, du musst jetzt auch mal was anderes probieren«, vielleicht was Gesundes. »Hier, Rosenkohl, ich tu dir mal auf!« So etwas schafft keine Bereitschaft, etwas auf sich wirken zu lassen. Das gilt natürlich auch für alle Formen der Erpressung, etwa in der Variante des Wenn-dann-Manövers. »Wenn du die Guacamole nicht probierst, bekommst du auch keinen Nachtisch.« Genauso wie implizit: »Probiere doch bitte, sonst bin ich traurig.« Eine der wichtigsten Zutaten beim Probieren ist die Offenheit. Man verbaut dem anderen die Möglichkeit, wirklich probieren zu können, wenn er es tun muss, um das zu bekommen, was er eigentlich will: Spaghetti, gute Laune am Tisch, Eierkuchen.

Nicht nur die Kinder sind am Esstisch sehr verletzlich. Dasselbe gilt auch für die Eltern. Sie wollen, dass ihre Arbeit ernst genommen wird. Von »Ich bin extra zum Gemüsestand für die Avocados. Die sind bio!« bis zu »Ich stand jetzt über zwei Stunden in der Küche und habe gekocht, dann will ich wenigstens, dass du probierst«. Dazu kommt die Sorge: »Kann ich mein Kind gut ernähren? Kann ich mein Kind gut vorbereiten, auf alles, was kommt?« Etwas probieren zu müssen, bedeutet aber in letzter Konsequenz, in der Familie eine Variante des Dschungelcamps einzuführen, bei dem Menschen irgendwelche Sachen in ihren Mund stecken müssen, ohne es zu wollen. Nur, um zu gefallen.

Das Probieren wird oft missbraucht. Eltern bringen es ins Spiel, um sich aus der Affäre zu ziehen, als Kompensation. Ich habe zu lange, zu oft entgegen meinen eigenen Ansprüchen schon Pommes-Kram zugelassen und fühle mich nicht gut damit. Jetzt muss endlich mal Konsequenz her, dann aber auch noch was Ordentliches. Auf der Erwachsenenebene hat das sehr viel von einer Selbstrechtfertigung. Es ist das schlechte Gewissen, das Eltern treibt. Wenn das alles vermischt wird, ist der Preis wirklich hoch. Dann wird aus diesem eigentlich wunderschönen Ausprobieren-Können, Entscheiden-Dürfen, Sich-Kennenlernen, will ich das oder will ich das nicht, ein einziger großer Vorwurf: »Du willst immer nur Pommes und Ketchup essen!« Das aber – gerade mit dem Wörtchen »immer« – schiebt die Verantwortung für den Konflikt zum Kind: Das Verhalten des Kindes gibt dem Erwachsenen vermeintlich die Legitimation für seine Entscheidungen.

Die Beziehung ist dann nicht mehr wichtig. Es geht ums Durchsetzen. Machtkampf pur beginnt. Wenn Eltern diesen Glaubenssatz verinnerlicht haben, »Probieren ist Pflicht«, dann geben sie sich an der Stelle das Okay, ihren Willen durchzusetzen. »Ich muss dich jetzt irgendwie dazu bringen, dass du jetzt Guacamole/Blumenkohl/Mousse au Chocolat in deinen Mund nimmst.« Und ich muss vor mir selbst vertuschen, dass ich mich dabei als Vater oder

Mutter ungenügend fühle. Das ist etwas, was ich in Beratungsstunden oft mit den Eltern aufdröseln kann – samt verkapptem schlechten Gewissen. Nicht selten erzählen Eltern dann Erlebnisse, die sie bisher nicht mit der Probierpflicht in Zusammenhang gebracht haben: der schwache Säugling, die schwere Krankheit im Kindergarten oder anderes, was mit großer Angst um ihr Kind verbunden war.

Eltern sind Probier-Fascinados. Und das ist wunderbar so. »Ich habe das hier für mich entdeckt, und das schmeckt mir so gut. Mich interessiert einfach, ob dir das vielleicht auch schmeckt.« Das ist eine Einladung. Und die gehört unbedingt an und auf den Esstisch.

Du darfst probieren. Und du entscheidest wann. Genauso wie Erwachsene aus einer komplexen Situation an den Tisch kommen, vielleicht noch mit dem Kopf im Meeting von davor oder danach hängen, brauchen Kinder manchmal einfach ein bisschen mehr Zeit. Eine Art Umschaltzeit, um erst mal am Tisch, in der Familiensituation anzukommen. Gerade war ich doch noch am Spielen, hatte noch mit Puppe, Pferd und Auto zu tun. Und jetzt sitze ich plötzlich auf diesem Hochstuhl. Ah, okay, jetzt ist Essenszeit, da war ich noch gar nicht drauf eingestellt. Wenn da ein »Probier jetzt bitte mal« zu früh kommt, dann heißt das »Nein« vielleicht auch ganz was anderes. Vielleicht eher: »Mal langsam. Ich bin noch im Landevorgang. Noch leuchten die Anschnallbirnchen. Lass mich erst mal ankommen.«

Wir dürfen dabei nicht vergessen, dass wir alle auf Zusammenarbeit, auf Gemeinschaft angelegt sind. Wir alle machen eigentlich gern mit und wollen dabei sein. Für Kinder gilt das zu 100 Prozent. Sie sind abhängig von den Eltern, sind darauf angewiesen, versorgt zu werden. Das Universum eines Kindes sind die Eltern.

Und dieses Universum ist seine Existenzgrundlage. Wenn diese Welt aus den Angeln gerät, ist das Kind haltlos. Ein Kind kann die eigenen Eltern nicht infrage stellen. Es hat absolutes Vertrauen zu ihnen. Je nach Alter kann es natürlich murren und motzen, die Eltern zeitweise doof und voll peinlich finden, aber es stellt sie nicht grundsätzlich infrage. Deswegen ist es für Kinder nie einfach, zu ihren Eltern »Nein« zu sagen.

Wenn die Stimmung beim Essen schlecht ist, dann können Dreijährige nicht etwa denken: »Oh, meine Eltern sind heute einfach nicht so gut drauf. Hat nichts mit mir zu tun. Alles easy.« Dreijährige – und auch ältere Kinder – fühlen sich dann einfach falsch. Und wer sich falsch fühlt, kann sich nicht richtig verhalten.

Oft stößt den Eltern das »Nein« der Kinder auf. Gerade wenn sie mit »Bäh« und angewidertem Gesichtsausdruck reagieren. Aber ist das wirklich die erste Reaktion? Warum sagt das Kind nicht einfach: »Danke. Lieber nicht!«? Die massive Abwehrhaltung ist meist eine Reaktion auf das Bedrängtwerden. Das muss gar nicht mit Worten sein. Kinder hören ohnehin nur sehr bedingt auf den Inhalt. Sie lesen das ganze Spektrum, das da mit am Tisch sitzt, das mittransportiert wird. Die Mimik, die Gestik, den Tonfall. Meinen es die Eltern wirklich ernst mit dem Probieren als Angebot, im Sinne eines ehrlichen Interesses daran, ob es dem anderen schmeckt? Oder steckt da vielmehr drin: »Das ist gut/gesund/von mir mit so viel Liebe gekocht, das muss dir jetzt schmecken. Bitte, nimm mein gut gemeintes Angebot an!« Und Eltern bedrängen mit den besten Absichten.

Wie reagieren Kinder nun auf das hauseigene Dschungelcamp? Ein Teil der Kinder wird gehorchen. Sie passen sich der Vorgabe der Eltern an, machen mit und stellen ihre Bedürfnisse hinten an. Ein anderer Teil der Kinder wird sich verweigern. Obwohl schon gar nicht mehr so klar ist, zu was genau sie »Nein« sagen.

Zum Essen? Zur Pflicht? Für beide bedeutet dieses Erlebnis: Für meine eigene Entscheidung ist hier am Esstisch kein Platz. Meine Bedürfnisse muss ich hintanstellen. Ich darf hier nicht entscheiden, ob ich probieren will, um herauszufinden, ob ich das Essen mag oder nicht.

Öfter höre ich von Erwachsenen: »Jaja, schon gut. Aber uns hat das doch auch nicht geschadet.« Ich frage dann nach: Wirklich? Wenn sich jemand nicht für meine Meinung und mein Empfinden interessiert, sondern mir diktiert, was in meinen Mund rein soll, dann ist das übergriffig und grenzverletzend. Wie sehr jemand dann direkt darunter leidet oder es vielleicht erst mal gar nicht merkt, es vielleicht auch einfach weitertransportiert, steht auf einem anderen Blatt Papier. Es schaden einem auch Dinge, von denen man es nicht sofort merkt. Es hat damals natürlich geschadet. Wie sehr, weiß man nicht.

Es gibt Situationen, da müssen wir Kinder schützen: An der Ampel etwa werden wir sie bis zu einem bestimmten Alter an die Hand nehmen. Aber: Was in den Mund reinkommt und was nicht, da hat jeder eine persönliche absolute Hoheit, und da sollte niemand anderes entscheiden als man selbst. Bevormunden muss deutlich vor dem Mund des anderen aufhören! Noch immer stecken Eltern ihren Kindern mundgerechte Happen ganz nebenbei direkt in den Mund, oft abseits vom Tisch, während sie mit Puzzeln, Malen oder Youtube beschäftigt sind. Am besten soll das Kind gar nicht merken, dass und was es isst. Um ein Nein zum Essen zu vermeiden, vermeiden Erwachsene das Anbieten und Fragen.

Das heißt im Umkehrschluss natürlich nicht, dass jeder Wunsch erfüllt werden muss. Es wird heute wahrscheinlich wieder keine drei Meter langen Pommes geben und vielleicht nicht mal ein Stück Schokolade. Aber wünschen darf sich das Kind das alles natürlich. Und es sollte auch erwarten können, dass seine Eltern die Wünsche anhören, ohne dass sie dabei in Stress geraten. Man kann sich auch richtig in diese Wünsche hineinträumen, darin rumspinnen, von poolgroßen Nutellafässern träumen. Wie wäre es, die ganze Wohnung in eine Frittenbude umzugestalten, überall Fritteusen, Pommes in allen Formen und Größen, Ketchup badewannenweise? Genauso können sich Eltern wünschen, dass ihre Kinder etwas probieren. Aber auch hier gilt wie so oft: Die Gelinggarantie ist eine Erfindung von Dr. Oetker und hat nichts mit dem richtigen Leben zu tun.

Und wenn es kracht? Wenn aus dem Wunsch nach Vielfalt, den gut gemeinten Vorsätzen, doch plötzlich Zwang wird? Wenn sich Eltern über Brokkoli und Pommes, über Probieren, Rechthaben und Konsequentsein in die Haare kriegen: »Immer gibst du nach« – »Und du? Du bist immer so schroff!«, dann landet all der Druck beim Kind.

Es gibt Szenen, die sind unangenehm für alle Beteiligten. Das passiert halt in Familien. Stress schafft genau dieser Anspruch an uns selbst, dass es immer gut werden muss. Wird es eh nicht, zumindest nicht immer, macht aber mächtig Druck. Und dann bedrängt man das Kind. »Wenigstens probieren, den Gefallen könntest du mir tun, ja?«

So was passiert. Aber auch das sind Situationen, aus denen wir etwas lernen können. Wir lernen uns selbst besser kennen und das Kind. Wir lernen, dass wir von unserem Partner oder unserer Partnerin so besser nicht angesprochen werden wollen, wenn es Stress gibt. Vielleicht bedankt man sich später sogar? »Danke, dass du mich da gestoppt hast. Ich war da einfach so angefixt, dass ich plötzlich gedacht habe: Es muss doch schmecken. Ich weiß doch, dass es ihm schmeckt. Er lässt sich was entgehen, wenn er das nicht isst. Es kann gar nicht sein, dass ihm das nicht schmeckt.«

Oder ich spreche am nächsten Tag mit dem Kind: »Gestern wollte ich einfach unbedingt, dass du das isst. Das tut mir leid. Das war falsch von mir.«

Essen ist immer ein Gesamterleben. Aussehen, Geruch, Konsistenz, wie ist es angerichtet – alles ist wichtig! Dazu kommt auch noch die Atmosphäre rundherum. Probieren beginnt schon deutlich vor dem Mundraum. Jeder Erwachsene hat schon mal irgendwo in einem anderen Land – oder auch zu Hause – eine Speise gesehen, bei dem einem schon vom Hinschauen schlecht wurde. »Nie im Leben würde ich das essen!« Bei Kindern wird das leider oft ignoriert: Alles egal, Probieren ist Pflicht!

Die Aufgabe der Erwachsenen ist es, aus Machtkämpfen immer wieder auszusteigen. Am Tisch brauchen wir keine Kritik, keine Zurechtweisungen, keine Pflicht. Wir brauchen Einladungen. Entscheidend für den Charakter so eines Angebots ist die Offenheit. Ich kann hinschauen, daran riechen, die Konsistenz prüfen, mir vorstellen, wie das schmecken könnte, und mich am Ende entscheiden: Will ich das in meinen Mund reinlassen? Oder eben nicht. Für die Eltern ist die entscheidende Frage: Können sie das »Nein« des Kindes gut gelaunt aushalten?

Seine Begeisterung für ein feines Sößchen kann der Vater seinem Kind gern mitteilen. Er kann sich auch wünschen, dass es probiert. Er kann auch darüber sprechen, dass er glaubt, dass das Kind sich einiges entgehen lässt. Er kann sich auch mit seiner Frau darüber unterhalten, ob es dem Kind schmecken könnte oder nicht, weil es einem anderen Essen ähnlich ist, das das Kind kennt. Aber wenn ein »Nein« kommt, dann sollte das respektiert werden.

Lackmustest für den Ton ist: Würde man so, wie man mit dem Kind spricht, auch mit einem Gast sprechen? Komischerweise verlieren Eltern am Esstisch ihren Kindern gegenüber ganz oft ihr Taktgefühl. Das, was man bei Gästen auf keinen Fall sagen würde, wird den eigenen Kindern mit einer Selbstverständlichkeit hingeworfen. Würde man die eingeladene Freundin in der Art nötigen, etwas zu essen? Es wäre so schön, wenn Erwachsene die Impulskontrolle hätten, die sie von den Kindern oft erwarten.

Man kann das auch andersherum lesen: Eltern dürfen auch in ihr Kind Vertrauen haben. Dass das eigene Kind nicht gleich eine Essstörung bekommt, nur weil es drei Mal »Nein« sagt. Dass es nicht gleich heikel wird, weil es die ach so guten und gesunden und selbstgemachten Gemüsepuffer nicht mal probieren will. Wir dürfen darauf vertrauen, dass wir ein Kind haben, das mit seinen Geschmacksempfindungen umgehen kann, sie entwickeln wird. Es kann sich bei uns erlauben, auch mal Speisen ablehnen zu dürfen. Und wir können es aushalten, dass es eine Zeit lang nur Haferflocken isst oder am Abend was Süßes, Marmelade. Oder fühlen wir uns gekränkt oder als schlechte Eltern, wenn es uns nicht gelingt, dem Kind so viel anzubieten, bis was Passendes dabei ist? Das hat auch etwas mit der eigenen Entscheidung als Erwachsener zu tun: Stehe ich zwei Stunden in der Küche, weil ich Lust habe auf das, was ich da zubereite, oder koche ich zwei Stunden und will dann die Belohnung von meinen Kindern haben, indem sie das Gericht zumindest probieren?

Haben wir Vertrauen ins Kind und glauben, dass auch das Kind uns vertraut, dann können wir das alles gut aushalten. Drei Mal »Nein«, auch mal ein »Bäh« und selbst monatelang Nudeln.

Kann man ein Jahr lang nur Pommes und Leberwurstbrot essen?
Logo. Worauf es dabei ankommt

In einer Mischung aus Ratlosigkeit und tollkühner Neugierde fragt man in einer Bar manchmal nach dem Signature Drink. Der Hausdrink also, der, der irgendwie für die Kneipe steht, Stolz und Kontur gibt: die Handschrift des Ladens eben. Manchmal muss man dann erst mal warten, kriegt zwanzig Minuten später einen elegant ausbalancierten, perfekt soufflierten Ramos Gin Fizz kredenzt: »Cincin!« – oder nach vierzig Sekunden – »Prost!« – einen Schnitt Bier. Handschrift halt.

Auch Familien haben so etwas – auf dem Teller. Das Signature Dish ist an jedem Esstisch ein anderes. Es wird vielleicht jahrelang dasselbe sein und dann alle zwei Monate wechseln. Es ist mal kleinster gemeinsamer Nenner von allen, mal eine Faktorzerlegung in viele verschiedene Schüsselchen, fast wie ein Buffet. Manchmal hängt es von Orten ab – die selbstgemachten Pommes gibt es nur im Ferienhaus, da wo man unter offenem Himmel frittieren kann, das Bärlauchpesto nur, wenn Saison ist und man es hundepipifrei am Friedhof rupfen kann. Manchmal von Vorlieben: Ob Staudensellerie in die Tomatensoße darf, welcher Karottensalat allen zumindest ein bisschen schmeckt. Wird Pilzrisotto mit Weißwein abgelöscht? Bekommen die Dampfnudeln eine Salzkruste?

Im Signature Dish, diesem Geht-immer-Gericht, zeigt sich mehr als nur eine bestimmte Vorliebe für ein Essen: Wer reibt den Käse für die Kässpatzn? Wer schneidet die Zwiebeln? Wer hat das beste Gespür für den Teig? Wie viel Gemeinschaftsaktion steckt im Essen? Wie viel Aufwand? Wer ist der Spezialist für Salatsoßen? Wer sorgt für die passende Musik? Warum kommen immer weniger Eier in den Teig als im Rezept vorgeschlagen? Wie lange bin ich bereit, gut gelaunt die Tomatensoße zu sieben als Minderheitenschutz für die Erstklässlerin, die nichts – außer vielleicht Haarekämmen am Morgen – so sehr hasst wie Zwiebel- und Karottenstückchen?

Wenn ich mit Familien arbeite und will, dass die Erwachsenen über sich reden statt über die Kinder und wie schwer das Leben mit ihnen sei, dann sind solche Fragen Gold wert. Fragen nach dem Lieblingsessen etwa oder danach, was jemand gern kocht. Das ist fast so, als wenn man sie fragt, wie habt ihr euch ineinander verliebt. Oft sind die, die erzählen, dann ganz bei sich. Sie spüren in dem Moment, was sie sagen. Auch die Kinder hören bei den Geschichten meist ganz beeindruckt zu. Einfach weil sie so direkt und persönlich sind.

Es gibt Kinder, die das mit dem Geht-immer-Gericht wörtlich nehmen: Da geht es dann nicht mehr um eine Fallback-Option, die Sicherheitszone des Familientischs, die sichere Bank der Familie, wenn die Stimmung zu kippen droht, sondern um Kinder, die eine ganze Zeit lang ausschließlich ein einziges Gericht essen: Leberwurstbrot oder Spaghetti, Bratkartoffeln oder Nudeln mit Milch und Parmesan. Ja, auch mal ein halbes Jahr lang. Es sind Vielfaltsverweigerer, die da plötzlich am Tisch sitzen, Mono-Esser. In Monat fünf einer solchen Phase kann sich das wie eine Ewigkeit anfühlen.

Es wäre sicherlich spannend, Kinder dazu zu interviewen, warum sie nur Leberwurstbrot essen, was Parmesanmilchnudeln können, was das andere Essen der Eltern nicht kann? Steckt da das kindlich Nerdige dahinter, die Rituallust, der Reiz der Repetition, so wie Kinder eine Zeit lang oft gern immer ein und denselben Witz erzählen?

Das Vertraute ist sicherlich ein Aspekt: »Da bin ich sicher, das schmeckt mir. Mit dem bin ich auf der sicheren Seite. Und ich will gar nichts anderes.« Ein anderer Aspekt wäre, dass Mono-Essen ein bestimmter Ausdruck von »Nein« ist. In Familien gibt es viele Baustellen: abends ins Bett gehen, die Zähne putzen, morgens früh aufstehen, Schuhe ausziehen, die Klamotten nicht durch die Gegend schmeißen, Zimmer aufräumen, Hausaufgaben machen, abends pünktlich nach Hause kommen, Tisch decken, Tisch abdecken, sich benehmen. Jeder Vater, jede Mutter kann die Liste weiterführen. Und wenn sie glauben, sie sei vollständig, gern mal an das Kind weitergeben ...

Es kann sein, dass es nur wenige Bereiche gibt, bei denen Kinder die Chance sehen, überhaupt »Nein« zu sagen. Überall sonst ist Widerspruch nicht möglich. Überall sonst mauern die Eltern, ihre Haltung ist unverrückbar. Also: Wo gibt es Spielraum? Wo kann ich als Kind meine Autonomie ausleben, wenn das Leben so geregelt und durchgetaktet ist? Manchmal ist es dann halt abends beim Nicht-ins-Bett-gehen- oder Nicht-die-Zähne-putzen-Wollen, weil da irgendwie eine Lücke bei den vielleicht müden Eltern ist. Manchmal kommen genau hier die Parmesanmilchnudeln ins Spiel: Hier entscheide und bestimme ich. Dann ist es eben der Esstisch, genauer der Wert der Abwechslung, der ein »Nein« kassiert. Hier existiert ein Stück Selbstbestimmung, ohne den Kontakt zu verlieren. Und ja, das ist vielleicht einseitig, aber da bleibe ich bei dem, was ich will, und passe mich nicht irgendwem anderen an.

Es gibt immer mehr Kinder, die das für sich einfordern. Meistens sind das Kinder im Alter zwischen vier und zehn Jahren, die einfach entscheiden: Ich esse jetzt nur das. Und sie dürfen es immer öfter. Sie dürfen die eigene einseitige Vorliebe ausleben, zumindest eine Weile lang. Die Mono-Esser sind ein neues Phänomen. Es ist noch nicht lange her, da wäre das absolut nicht möglich gewesen.

Fast nichts am Tisch ficht so sehr an, wie wenn ein Kind immer wieder »Nein« sagt zu dem, was die Eltern kochen. Es scheint, als würden wir Erwachsene uns in der Küche einer besonderen Verletzlichkeit aussetzen. Übersehen wird dabei jedoch, dass es auch für Kinder beileibe nicht leicht ist, zum Essen der Eltern Nein zu sagen. Zumal ein »Nein« meist nicht genügt, geschweige denn ein vorsichtiges »Lieber nicht«. Wie im Reflex rutschen Eltern dann in den Schmackhaft-mach-Modus. Als ob man Kindern alles mehrmals und genauer verständlich machen müsste, als ob man ihre Antworten nicht für voll nehmen sollte. Warum wird Kindern nicht zugestanden, Nein zu sagen? Eltern könnten auch jubeln und sich auf die Schultern klopfen: So ein »Nein« ist ein Vertrauensbeweis. Es ist wirklich nicht leicht, das Essen der geliebten Eltern auszuschlagen. Und so ein »Nein« zu Vater oder Mutter ist ja immer auch ein »Ja« zu sich selbst: »Ja, ich zähle!« Es bedeutet viel, als Kind wahrnehmen zu dürfen, wie es mir geht. Was stimmt für mich gerade? Wie fühlt sich das an? Das zuzulassen, es zu spüren, es gelten zu lassen, ist eine zentrale Aufgabe des Großwerdens. Bravo!

Ein Aspekt, der sich wahrscheinlich als erstes in die allgemeinen Bedenken mischt, ist die Sorge um die Gesundheit: Kriegt das Kind genug Vitamine? Sind da die verschiedenen Nährstoffe drin? Das ist doch auch überhaupt nicht gesund! Wichtig ist, für sich erst mal Kassensturz zu machen. Der Sohn wird vielleicht nicht zu allen drei Mahlzeiten Leberwurstbrot essen, die Tochter nicht immer Nudeln mit Milch und Parmesan.

Was gibt es sonst so? Müsli am Morgen, zwischendurch Apfel, Orange, Käsebrot? Warum ist es abwegig, sich auch mal eine Zeit lang bei dem einen Hauptessen, sei es nun mittags oder abends, auf eine Sache zu beschränken? Ist das Frühstück bei Erwachsenen nicht auch immer gleich?

Wenn Eltern ernsthaft gesundheitliche Bedenken haben, ist es hilfreich, sich abzusichern und ärztliche Beratung einzuholen, ob die körperliche Entwicklung des Kindes tatsächlich gefährdet ist. Diese Sorgen sollte man unbedingt auslagern. Oft genügt es, zur Nährstoffabsicherung dem Signature Dish die eine oder andere Zutat beizugeben – natürlich mit dem Einverständnis des Kindes.

Wenn es tatsächlich um gesundheitliche Gefährdung geht, dann ist das sofort eine andere Liga. Bei Anorexie, Bulimie oder anderen Essstörungen geht es nicht mehr ums Essen, sondern um existenzielle Lebensthemen. Es geht dann nicht mehr um »So was tut man nicht«. Sondern um: »Wenn wir so weitermachen, dann gefährden wir die Gesundheit unseres Kindes. Und das ist etwas, was ich auf keinen Fall will.« Dann sollte sich die ganze Familie auf jeden Fall professionelle Hilfe suchen. Es ist gut, diesen Bereich zu klären, um ihn aus der Diskussion ausklammern zu können. Denn die Gefühle und Sorgen, die Mono-Esser bei Eltern auslösen, sind kompliziert genug.

Die Irritation wird nämlich oft von Irrationalität durchwirkt. »Man kann doch nicht immer nur das Gleiche essen. So eine einseitige Ernährung – das kann doch nicht guttun. Da stimmt doch was nicht.« Das kommt aus dem Bauch heraus, fällt unter die Rubrik: Geht irgendwie gar nicht. Und da kommt bei Eltern auf einmal eine Rigorosität mit dazu, eine Strenge, ein Eifer, als ob es eine Regel gäbe, die besagt: Man darf nicht täglich das Gleiche essen, auf keinen Fall! Eine Art Vielfältigkeitsmantra: Unsere tägliche Abwechslung gib uns heute!

Ganz schnell kommt dann neben der Kränkung und dem Bauchgefühl eine erzieherische Idee dazu: Ich muss meinem Kind doch beibringen, verschiedene Sachen zu essen. Das gehört doch dazu zum Großwerden. Auch das Image als Familie steht auf dem Spiel: Was sagen die anderen Leute bloß? Es gibt wohl kaum jemanden, der ganz frei vom Einfluss der Außenwahrnehmung ist. So manche Konformität nicken wir ab, ein anderes Mal ecken wir an. Für manche sind Schule, Kindergarten und Institutionen schwieriger, für andere die Verwandtschaft mit Geschwistern, Eltern, Großeltern, die vielleicht alles besser wissen? Und was macht man im Restaurant: »Einmal Parmesanmilchnudeln, bitte?«

Jeder kann da für sich selbst eine Checkliste durchgehen: Wie schlimm ist es wirklich? Wem muss ich was beweisen? Was passiert, wenn meine Eltern kommen? Der erste Schritt ist, dass ich mir selbst klar mache: Ja, mir ist meine Wirkung nach außen wichtig. Und ich gucke darauf, wie andere auf meine Kinder gucken. Dann könnte ich in einem zweiten Schritt überlegen, wo man das mehr und mehr sein lassen kann. Denn natürlich gilt auch für Leberwurstbrot und Co, niemand anders lebt in meiner Familie, niemand anders erzieht meine Kinder oder lebt mit meinen Kindern zusammen. Das mache ich. Jede einzelne Familie ist vor allem eins, einzigartig.

Und trotzdem schmerzt es. Eltern bemühen sich, sie wollen Vielfalt auf den Tisch stellen, wollen Abwechslung, auch sich selbst und nicht zuletzt der Gesundheit zuliebe. Da spielt auch Stolz eine gewisse Rolle, Stolz auf die Verschiedenartigkeit. All das in Bausch und Bogen abgelehnt zu bekommen, kränkt. Schnell fühlt man sich als Vater oder Mutter abgelehnt. Manche entwickeln Ehrgeiz, machen jedes Mal was ganz Besonderes und tun sich damit immer noch mal mehr weh. Und doch bleibt es ihre

Verantwortung, sich nicht immer wieder extra in Schwierigkeiten zu bringen.

In schwierigen Situationen, genauer dann, wenn Erwachsene denken, das Kind wird schwierig, verbergen sich die bedeutendsten Entwicklungschancen. Dann kriegen sie als Eltern plötzlich andere Dinge mit. Etwa, dass sie vor lauter Anstrengung rund um das Essen die Kinder gar nicht mehr sehen und selbst auch weit davon entfernt sind, das Essen mit der Familie zu genießen. Die Entwicklungschance wäre, seitlich auf die eigene Agenda draufzuschauen, sich selbst und den eigenen Aktivismus infrage zu stellen. Weg von einem »Ich weiß, was gut für dich ist«. Hin zu einem neuen Miteinander. Sich selbst und die Kinder ernst zu nehmen, damit ist auch gemeint, die eigenen Schwierigkeiten und die des Kindes erst einmal wahrzunehmen und zu betrachten, statt sofort die Lösung parat haben zu wollen.

Eltern können sich durch einen Vielfaltsverweigerer unterschiedlich stark angegriffen fühlen, von »Ist halt eine Phase, wird schon wieder« bis zu »Das geht eindeutig gegen mich«. Je nachdem, in welcher Verfassung das Essen geplant, zubereitet und auf den Tisch gestellt wird, löst die Ablehnung des Kindes mehr oder weniger starke Reaktionen aus. Übernehme ich dafür Verantwortung? Denn die macht ja nicht das Kind, das löst sie nur aus. Der Schmerz ist der Schmerz der Eltern, und er kommt von alten Verletzungen. Wenn ein solcher Knoten entstanden ist, hilft Eltern die Bereitschaft, sich wohlwollend immer wieder selbst zu überprüfen: Was macht das alles mit mir? Was passiert da mit mir als Mutter oder als Vater? Lasse ich die Gefühle als *meine* Emotion zu oder spiele ich sie sofort als Schuldzuweisung zurück?

Wenn ich merke als derjenige, der fürs Essen in der Familie verantwortlich ist: Ich kriege einen Groll, mir wird das zu viel, dann kann ich sagen: »Mir ist was klar geworden: Bisher habe ich dir gern dein Essen zubereitet. Seit einiger Zeit werde ich dabei grummelig und schlecht gelaunt. Das will ich nicht. Ich hör jetzt auf damit, dir das extra zu kochen. Wenn du weiter dein Essen möchtest, kannst du es dir gern selbst zubereiten, die Zutaten sind da, und ich zeig's dir, wenn du willst. Das gilt ab übermorgen.« Ohne Vorhaltung, ohne Rechtfertigung, ohne den Grund dem Kind zuzuschieben. Kleinere Kinder können sich nicht selbst versorgen. Aber auch ihnen gegenüber können und sollen Erwachsene sich ernst nehmen. Auch hier ist es notwendig, dass sie sich eingestehen und aussprechen, was sie nicht mehr wollen und was sie wollen. Je jünger die Kinder sind, desto mehr reagieren sie auf Stimmung und Ambivalenz der Eltern. Wenn der Ärger über die besonderen Wünsche wächst und damit das Zusammensein mit dem Kind beeinträchtigt, ist es der Job des Erwachsenen, die Beziehung zum Kind zu klären. Das kann bedeuten: Um der guten Beziehung willen erfüllt der Erwachsene die Sonderwünsche nicht mehr. »Ich habe dir die letzten Monate jeden Abend gern ein Spiegelei gebraten. Seit ein paar Tagen landet ein Stück Ärger von mir mit in der Pfanne. Das will ich nicht. Morgen gibt's noch mal eins, und dann hör ich auf.« Darüber ist der Sohn oder die Tochter vielleicht wütend und für eine Weile frustriert. Den Frust kann ein Kind verarbeiten, aber für die schlechte Beziehung zum Vater oder zur Mutter verantwortlich zu sein, ist eine Belastung, die Kinder nicht tragen sollten.

Ich darf eine neue Sprache dafür finden, als Entscheidung für mich selbst: »Ich mache dich zuständig für meine schlechte Laune, und das will ich nicht.« So geben wir uns im Reden mit Kindern eigentlich viel zu selten, es kommt sonst nicht vor. Erwachsene sind damit ein gutes Vorbild für die Wahrung der eigenen Grenzen – und zwar ohne dafür den anderen verantwortlich zu machen.

Um die erste Wucht aus dem Konflikt zu nehmen, hilft es vielleicht, über den eigenen Tellerrand hinauszuschauen, zurück in die Geschichte zum Beispiel. Ins Nachkriegsdeutschland, ins Allgäuer Bauernmuseum oder ins Italien der Sechzigerjahre. Da haben die Menschen jeden Tag das Gleiche gegessen, aus einem einfachen Grund: Es gab nichts anderes. Und weltweit ist es auch heute so, dass jeder zehnte Mensch auf der Welt von weniger als zwei Dollar am Tag leben muss. Abwechslungsreich essen zu können, ist ein Luxus, den sich absolut nicht jeder leisten kann. Vielleicht ist gerade deswegen die Verengung auf ein Gericht für Eltern besonders schwer zu ertragen.

Wenn ich mit Eltern spreche, höre ich oft von Tricks, von Rumkriegen, Manipulieren und heimlich ins Essen mischen. »Siehste! Hast du übrigens gerade gegessen …« Auf Instagram präsentieren ganze Kanäle Rezepte mit dem immer gleichen Gedanken: So kochen, dass Kinder das Gemüse beim Essen nicht bemerken. Familienkochbücher bewerben manche Gerichte mit dem Icon »Gemüseversteck«. All das geschieht mit der besten Absicht. Es geschieht aus Sorge, etwas zu verpassen, aus Fürsorge für die Entwicklung des Kindes und dem Gefühl: »Immer diese Extrawurst – das kann einfach nicht gut sein. Das kann ich fast nicht aushalten.« Diese scheinbar kleinen Schummeleien führen zu einem nicht unerheblichen Vertrauensverlust des Kindes gegenüber den Eltern und gegenüber sich selbst: Warum machen die das mit mir?

Die ständige Sorge der Eltern schwebt über allem, sie hat Lufthoheit. »Aber wie soll ich mich denn nicht sorgen? Wie könnte ich das abstellen? Es ist nicht nur mein gutes Recht, Sorgen zu haben. Ich liebe doch meine Kinder.« Das sind Sätze, die ich von Eltern so oft höre. Für Eltern mag sich die Sorgenmacherei als ein unvermeidbares Begleitphänomen darstellen, als dunkle Seite der Liebe. Was dabei oft übersehen wird, ist, was die Sorgen der

Eltern eigentlich bewirken. Ständige Sorge ist vor allem eins, unglaublich anstrengend. Und zwar für Kinder. Denn wenn Eltern sich um etwas sorgen, ist beim Kind immer auch mitgesagt: Wir Eltern trauen dir das nicht zu. Sorge ist letztlich Kritik am Kind. Und Kritik schadet. Zusätzlich hat nämlich der junge Mensch, der eigentlich genug damit beschäftigt ist, sich, sein Leben und in diesem Fall sein Essen kennenzulernen, dafür zu sorgen, dass die Eltern sich nicht sorgen.

Das beste Mittel für Eltern im Umgang damit, wenn ein Familienmitglied so eine Besonderheit entwickelt, ist es, diese Besonderheit nicht noch mehr zur Besonderheit zu machen. Immer und immer wieder bedrängen ist destruktiv, verdirbt allen die Laune und ruft Abwehr hervor. Drängen oder tricksen eskaliert. Am Esstisch geht es dann nur noch darum, was der Sohn oder die Tochter isst, und nicht mehr, wer er oder sie ist. An solchen Esstischen erfährt man nichts mehr von dem anderen.

Nach meiner Erfahrung tauchen immer dann neue Erkenntnisse auf, wenn sich eine Familie Zeit nimmt und über die Alltagsroutinen wie eben das Essen spricht. Und zwar nicht während des Essens selbst. Ein solcher Familiencheck, an dem alle dabei sind, auch die Kleinsten, die zwar noch nicht mitreden können, aber dazugehören und die Atmosphäre erleben, gibt allen die Gelegenheit, etwas Neues zu erfahren oder Bekanntes zu bestätigen. Vor allem aber hat er den großen Vorteil, dass das eine Familienmitglied mit seinem Leberwurstbrot nicht mehr im Zentrum steht.

Nicht selten tauchen bei solchen Gelegenheiten Themen auf, die bisher unbemerkt nebenhergelaufen sind, aber doch alle beeinflusst haben. Dann kommt plötzlich auf den Tisch, dass das Timing nicht mehr stimmt (»Mir ist das Abendessen einfach immer viel zu früh« oder »Muss es denn sein, dass ich immer warte, bis alle fertig sind. Das kann ich hin und wieder ja machen, aber nicht immer«). Dass die Eltern so oft mit den schweren Themen anrücken (»Ihr fangt da an zu diskutieren, und dann ist ab der Hälfte des Essens eine schräge Stimmung« oder »Ihr redet beim Essen immer über meine Hausaufgaben, oder dass ich aufräumen soll, das nervt«) oder mit schwerer Stimmung (»Es ist wirklich anstrengend am Tisch, wenn ihr Eltern Stress miteinander habt und so tut, als wäre nichts. Wenn ihr sagt, was los ist, ist das zwar nicht lustig, aber zumindest halt offen«).

Oft herrschen da Berührungsängste. Es sind die Eltern, die Angst haben zu fragen, was jeder eigentlich will. Wo kämen wir da hin?, flüstert da eine Stimme im Hinterkopf, die man seit der eigenen Kindheit kennt. Am Ende will auch noch jeder was! Lieber nicht fragen, sonst tritt man da noch was los. Was lostreten bedeutet, dass dann Wünsche im Raum stehen, zu denen Eltern sich verhalten müssten, damit umgehen müssten.

Familie ist der Ort, an dem sich jeder wünschen darf, was er will. So doof, so unverschämt, so abseitig der Wunsch auch immer sein mag. Dieses All-you-can-wish-Menü bedeutet aber noch lange nicht, dass jeder Wunsch auch erfüllt werden müsste. Die Eltern heute sind vermutlich noch mit Sprüchen groß geworden wie »Wir sind hier nicht bei Wünsch-dir-was!« »Kinder, die was wollen, kriegen was auf die Bollen!« Oder »L'erba voglio non cresce neanche nel giardino del re« (Das Gewächs »ich will« wächst nicht mal im Garten des Königs). Wünsche zu haben, war riskant. Oft wurden Kinder allein schon fürs Wünschen verurteilt. Nur verständlich, dass diese Eltern keinen gelassenen Umgang damit haben, ihren eigenen Kindern Wünsche nicht erfüllen zu können oder zu wollen. Und welch große Entwicklungsaufgabe für die Eltern, unerfüllte Wünsche gut gelaunt stattfinden zu lassen. Im Wünschen streckt sich der Mensch. Es ist ein Sehnen, ein Ausmalen, ein Über-die-Realität-Hinauskommen. Was machen die

Berührungsängste der Eltern mit Kindern und ihren Wünschen? Werden die Wünsche zu einer Bedrohung für die Familie?

Fernab vom Esstisch in ruhigen Momenten sollten Eltern für sich untersuchen: Was passiert da gerade eigentlich? Was ist meinem Kind daran wichtig? Was macht das mit mir als Vater oder Mutter? Was macht es mit den anderen in der Familie?

Wenn eins der Kinder wochenlang auf Nudeln beharrt, hat das Auswirkungen auf alle, auch auf die Geschwister. Nicht in dem Sinne, dass alle unter der Unverbesserlichkeit des einen leiden müssen, sondern eher als Möglichkeit für eine individuelle Bestandsaufnahme aller: Wie geht's mir beim Essen? Was mag ich, was mag ich nicht? Wer kocht immer und selbstverständlich? Wann bin ich gelassen im Zusammensein mit den anderen? Was hätte ich gern anders?

Im Grunde genommen birgt der Parmesanmilchnudeln-Liebhaber eine wunderbare Gelegenheit für Eltern. Hier können sie einen Konfliktfall üben: Bleibe ich im Dialog oder verscherze ich es mir? Wie kann ich nicht rechthaberisch sein, nicht ständig korrigierend einwirken, nicht erklären, warum das falsch ist, was das Kind macht, sondern klären, anerkennen, zulassen.

Vielleicht frage ich das Kind einfach: »Was mich eigentlich schon lang interessiert, ist, wie machst du das eigentlich mit den Parmesanmilchnudeln, wenn du woanders isst?« So eine Frage wirkt später, auf dem Sofa, mit ehrlichem Interesse ganz anders, als wenn der Sohn gerade den Teller vor sich hat. Da verdirbt es den Appetit, denn auf jeder Gabel könnte ein neuer Überzeugungsversuch lauern. Auch auf dem Sofa oder beim Spazierengehen ist es gut, sich vorsichtig ranzutasten. Man darf ja auch anklopfen: »Ich bin neugierig. Magst du mir davon erzählen? Darf ich fragen?« Dabei ist es wichtig, dass das Anklopfen auch wirklich ernst gemeint ist und eine Antwort wie »Nein, jetzt nicht« auch akzeptiert wird. Dann ein andermal probieren. Und wenn das Gespräch in Schräglage zu geraten droht, dann lieber ohne Nachbohren das Thema wechseln.

Hat man für sich das Thema so weit eingekreist, sich selbst befragt, mit dem Partner oder der Partnerin gesprochen, ist dem Sohn oder der Tochter mit Interesse begegnet, hat gesundheitliche Bedenken ausgeräumt und die Geschwister einbezogen, dann sollte man für sich die Frage stellen und entscheiden: Kann ich das eine Weile so lassen? Wenn ja, dann ist es so. Prüfung abgeschlossen, Fall für in drei Monaten auf Wiedervorlage. Punkt.

So ein Entschluss heißt: das Kind dafür nicht jedes Mal wieder in den Mittelpunkt zu stellen, lächerlich zu machen oder auch nur hervorzuheben: »Hier für unsere Leberwurstprinzessin.« Der ständige Fingerzeig, mit dem das Essen hingestellt wird, tut vor allem eins: Er nervt.

Ein Running Gag, der kann auch witzig oder sogar liebevoll gemeint sein, kommt beim Kind nicht als Gag an, sondern als Bloßstellen: Da sind die Erwachsenen und die amüsieren sich – über mich. Selbst wenn die Tochter oder der Sohn mitlacht, ist das meist nicht mehr als Selbstschutz. Denn der Gag bedeutet für das Kind: »Ich werde mit dem, was mir im Moment wichtig ist, nicht ernst genommen.« Und das ist beschädigend. Für den Erwachsenen geht es also darum, der Versuchung zu widerstehen, dieses Extrawurstgefühl jedes Mal aufs Neue anzutippen. »Da, die Sondernudel für Prinz Problematisch.« Wenn der Mutter oder dem Vater das rauszurutschen droht, sollten sie sich auf die Zunge beißen. Nicht einfach, aber Übungssache. Und falls es doch mal passiert, kann man das thematisieren: »Ich muss mich da erst daran gewöhnen. Es fällt mir schwer. Und ja, ich wünschte, du würdest was anderes essen. Aber jetzt habe ich es gesagt, und jetzt ist wieder ein paar Wochen Ruhe. Es kann sein, dass ich rückfällig werde, bitte erinnere mich dann daran.«

Die Frage für Eltern ist: Kann ich die Entscheidung meines Kindes so weit anerkennen und sagen, du isst jetzt erst mal das? Kann ich lernen, das nicht nur auszuhalten, sondern zuzulassen – auch vor mir selbst? Und wenn ich es mit Gelassenheit zulassen kann, dass die Extrawurst mit einer Selbstverständlichkeit mit auf dem Tisch stehen darf, dabei nicht mal mehr als Extrawurst definiert werden muss, dann ist die Chance sehr viel höher, als wenn ich immer Druck ausübe, dass sich der Zeitraum verkürzt und dass früher etwas anderes wieder möglich wird.

Einige Kinder nähern sich dem Essen der anderen langsam an, probieren mal ein bisschen oder essen an einzelnen Tagen das mit, was alle essen. Andere essen von einem Tag auf den anderen, als wäre nichts gewesen, wieder das, was auf den Tisch kommt. Schön, wenn das sein darf, ohne dass die Eltern ins Jubeln geraten und einen Staatsfeiertag ausrufen.

Sieht man sich den Mono-Esser aus diesem Blickwinkel an, ändert das die Schubwirkung: Es geht nicht mehr darum, denjenigen, der da gerade ausbüchst, einzufangen, ihn wieder auf Spur zu setzen. Er kann vielmehr der Anschubser für vieles in der Familie sein.

Hauptsache gesund?
Am Tisch gibt es nicht nur zu essen.
Über gesunde Stimmung

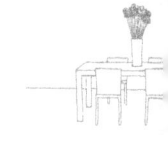

Die Deutsche Gesellschaft für Ernährung führt zehn Regeln dafür auf, was es heißt, gesund zu essen. Da geht es um Vielfalt und Hülsenfrüchte. Mehr Obst und Gemüse, nicht zu viel Salz, Fleisch, Zucker, Fett. Viel trinken, schonend zubereiten, Vollkorn!

Wann ist ein Essen gesund? Auf diese Frage wird man – je nachdem, wem man sie stellt – sehr unterschiedliche Antworten bekommen. Ernährungsexperten zum Beispiel wissen ganz viel über ungesättigte Fettsäuren und Vitamin E, über Ballaststoffe, Kichererbsen und Ölsaaten. Eltern haben eine große Sehnsucht danach, zu wissen, was richtig ist. Und natürlich: Sie wollen das Richtige tun.

Allgemeingültige Richtlinien für das Richtige, wie sie früher gang und gäbe waren, haben wir heute aber kaum noch. Also etwa: Punkt sieben ist Frühstück, zur Tagesschau sind alle Kinder unter neun Jahren im Bett. Der Schlaf vor Mitternacht ist der gesündeste, Marmelade gibt es nur zum Frühstück, Apfelsaft muss mit Wasser verdünnt werden. Diese Zeiten sind passé. »Das machen alle so« gibt es nicht mehr. Die Tagesschau kann man in der App egal wann anschauen, und richtig gesund war die damalige Küche mit dem vielen Fett, dem Zucker, der Mehlschwitze nicht unbedingt. Das heißt: Heutzutage muss eine Familie, müssen die

Eltern für jede Frage, für jede Entscheidung eine eigene Haltung entwickeln. Das ist anstrengend.

Hinzu kommt, dass viele derjenigen, die heute Eltern sind, selbst noch in einem eher autoritären Umfeld aufgewachsen sind: Darf ich merken, wie es mir wirklich geht? Soll ich das überhaupt? Darf ich Nein sagen und werde ich von meinem Gegenüber damit auch ernst genommen? Was will ich überhaupt und was nicht? Diese innere Entscheidungsfähigkeit, diese Instanz, darf ich die entwickeln? Deswegen ist es für sie heute als Eltern auch ein ziemlicher Stress, diese persönlichen Entscheidungen zu treffen und den Kindern gegenüber zu vertreten. Letztlich suchen sie permanent die Antwort auf die Frage: Wofür stehe ich ein?

Die eigene Position ist die Summe der eigenen Erfahrungen, des eigenen Wissens, des Austauschs und Abwägens mit anderen. Sie ist das, was ich mir zutraue und was ich vertreten will. Sie ist nicht unumstößlich, sie ist fern eines Absolutheitsanspruchs und gibt doch eindeutige Signale nach außen: Das halte ich für gut und richtig. Da steckt auch viel Bauchgefühl drin. Ein Begriff, der Essen und Beziehung verbindet. Es ist eine Momentaufnahme, die immer mal wieder überprüft wird. Die eigene Überzeugung kann sich wandeln im Miteinander, wächst mit neuen Erfahrungen. So können Eltern die Führung übernehmen, ihren Kindern Orientierung geben.

Gesundes Essen ist eine der letzten Bastionen dieser allgemeingültigen Richtlinien. Darauf kann man sich einigen. Das hat einen hohen Stellenwert bei uns in der Gesellschaft. Das wollen alle. Wer sich um gesunde Ernährung kümmert, macht seine Sache gut und sich selbst an dieser Stelle unangreifbar. Das ist alles messbar, überprüfbar, Wissenschaft! Weder Großeltern noch Kita, Nachbarn, Freunde, Schule können da irgendwie schief reinreden. Da ist man auf der sicheren Seite, da kann einem niemand einen Vorwurf machen, ernährungsphysiologisch bewiesen.

Natürlich ist der Anspruch, die Familie gesund zu ernähren, richtig. Wenn man Eltern fragt, dann sagen sie auch genau das. »Wir wollen ein gesundes, ausgewogenes, vielfältiges Angebot machen.« Genauso sagen sie aber auch, dass eine gute Atmosphäre am Tisch wichtig ist. Und dass es möglichst allen schmecken und der Familientisch ein Ort sein soll, an dem man mit Genuss essen kann, an dem jede und jeder mit der Stimmung, die er eben mitbringt, einen Platz findet.

Das Tückische: Das Gesunde ist übergriffig, drängelt sich schnell in den Vordergrund. Für eine gute Atmosphäre am Tisch zu sorgen, ist einfach viel schwieriger, als Nährstofftabellen zu servieren. Das Gesunde wird für Eltern en passant zum Hebel. »Mir schmeckt das nicht so gut …«, sagt das Kind. »Aber das ist soooo gesund«, entgegnet das Elternteil. Heißt im Klartext: Es spielt keine Rolle, ob es dir schmeckt, iss es bitte einfach, zur Not halt trotzdem. Gesund schlägt Geschmack.

Wenn das Gesunde ein Übergewicht bekommt, dann geht es schnell nicht mehr um den gemeinsamen Esstisch, sondern viel mehr ums Richtigmachen. Hier öffnet sich ein Bereich, in dem viele Eltern versuchen, gute Eltern zu sein und sich selbst als solche zu zeigen. Dahinter steckt vielleicht auch der Versuch, Dinge zu kompensieren, die man nicht so gut hinkriegt, auch weil es keine Vorbilder gab: »Ich weiß nicht so richtig, wie ich eine gesunde Atmosphäre herstellen kann. Aber ich weiß, dass Vollkornbrot gesund ist. Bitte schön, nehmt reichlich!«

Die Vernunft übernimmt dann den Tisch. Wenn das Kind nach Schokoriegel/Fruchtjoghurt/Apfelsaft pur fragt, kommt als Antwort: »Du musst jetzt auch mal was Vernünftiges essen.« Dabei ist Essen nichts, was man nur mit dem Kopf einfangen kann. Wenn wir »etwas Vernünftiges« essen oder »endlich was Ordentliches«, dann sind wir ganz schön weit weg von Genuss, Geselligkeit, Gemeinschaft.

Im Extremfall wird Essen zur Medizin: Wie viele Tropfen hiervon? Wie viele Tabletten davon? Dann landen wir bei Astronautennahrung, zusammenpipettiert einzig nach den Richtlinien der Effektivität und Ernährungsphysiologie. Dann ist die Mahlzeit auf ihre lebenserhaltende Funktion eingedampft. Aber Essen bedeutet Nahrung und Beziehung gleichermaßen. Essen ist etwas fürs Bauchgefühl. Reduzieren wir es allein auf die Regeln der Deutschen Gesellschaft für Ernährung, fehlt ein großer, nährender Teil. Es fehlt der Mensch, der sich nicht hinter Regeln versteckt. Es fehlen die Väter und die Mütter, die ihre Meinungen und Ideen haben und damit greifbar wie auch angreifbar werden.

»Heute Abend will ich kein Toastbrot auf dem Tisch haben.« Das so zu vertreten, dazu gehört ein Selbstverständnis, eine Klarheit der Eltern, über die Werte, die einem im Familienleben und am Esstisch wichtig sind. Können Eltern die vorleben und leben? Je größer die Unsicherheit hier ist, desto mehr Rechtfertigungen kommen mit auf den Tisch, weil das »Nein, ich will das nicht, ich will Toast« vom Kind zu sehr verunsichert und Eltern es lieber umschiffen wollen. Oft fehlt ihnen der Mut, die eigene Position freundlich und klar zu vertreten: »Heute Abend will ich kein Toastbrot auf dem Tisch haben. Ich habe gekocht, und Toast stiehlt meinem Essen regelmäßig die Show.«

Oft erzählen mir Eltern in Beratungen von endloser Widerrede und Kinder-Nein. Für mich klingt das gesund. Wie wunderbar, dass die Eltern mit ihren Kindern eine Atmosphäre zu Hause geschaffen haben, in der jeder für sich sprechen und sagen darf: Das mag ich, und das mag ich nicht. Das heißt, dass Kinder eben auch mal Nein zu den Eltern sagen können. Vermeiden Eltern ständig

Konflikte, scheuen sie sich davor, sich ihren Kindern auch zuzumuten. Dann sind sie keine Orientierung für ihre Kinder.

Wenn Eltern einigermaßen sicher sind, wie sie mit ihren Kindern zusammenleben wollen, dann können sie einfach antworten: »Nee, heute Abend nicht.« Und diese Eltern können (und müssen) auch aushalten, dass das Kind dann vielleicht sauer ist. »Das ist gemein, dann habe ich überhaupt keine Lust mehr zu essen.« – »Schade, dass dich das so ärgert. Aber ich bleibe dabei, ich mag heute keine Nutella auf dem Tisch.« – »Du bist blöd!«

Eltern können das oft nicht stehen lassen. Dann kommen Sprechschleifen. »Aber guck doch mal, hier eine Gurkenscheibe, die hast du schon lange nicht mehr gegessen.« »Im Kindergarten, da isst du doch auch immer Tomaten.« »Paprika hat dir doch sonst immer geschmeckt.« »Und schau deine Schwester, die isst das.« Dann entsteht ein Monolog, den die Erwachsenen im Grunde mit sich selbst führen.

Wenn Eltern in der Lage sind, ohne diese Rechtfertigung und ohne ihr Kind im Vorfeld überzeugen zu müssen, ein Essen einfach auf den Tisch zu stellen, dann kann das in etwa so klingen: »Ich habe zum ersten Mal Quinoa gekocht statt Reis. Ich hab's letzte Woche im Restaurant gegessen und fand's lecker. Ich bin gespannt, ob ihr das mögt. Wenn ja, werde ich es öfter kochen, wenn nicht, dann mache ich es ab und an für mich.«

Wir benutzen so viel Zeit und so viel Worte, den anderen zu überzeugen, den anderen zu motivieren, den anderen für etwas zu gewinnen. Das Wörtchen »gesund« ist da das Trumpf-Ass. Eltern genügen sich selbst nicht als Autorität, holen sich die Gesundheitsautorität an die Seite. Sie merken oft überhaupt nicht, wie viel sie erklären und rechtfertigen, wie viel Energie sie an den Tag legen, dass ihr Kind versteht, warum sie so entscheiden, wie sie entscheiden. Eltern dürfen aufhören, ihr Handeln zu rechtfertigen. Sie dürfen ihren Kindern ihre Haltung zumuten. Die ganze Begründungslitanei raubt Fokus. Sie verhindert das Miteinander am Tisch: Wer bin ich heute, und wer bist du heute?

Natürlich gibt es keine Thementabus. Das gilt auch für das Thema Qualität der Lebensmittel. Wenn dies aber eingesetzt wird, um eine Agenda der Eltern durchzusetzen, wenn damit das Ziel verfolgt wird, irgendwie das Essen ins Kind reinzuquatschen, dann schlägt das auf Appetit und Stimmung. Eltern erleben das später oft selbst, wenn ihre jugendlichen Kinder sich mit oft großer Kompetenz und enormer Dringlichkeit mit Ernährungsthemen auseinandersetzen. Die Erwachsenen verdrehen dann die Augen, wenn ihre engagierte Tochter oder ihr überzeugter Sohn jede Gelegenheit nutzt zu erklären, warum Schweinsbraten und Gulasch ungesund und verantwortungslos sind. Eltern ist das oft lästig, einige fühlen sich auch kritisiert und belehrt. Wir können deutlich merken, wann Gespräche von einem Unterton begleitet werden, der dem Gegenüber vermittelt: So wie du gerade bist und isst, sollst du nicht sein. Erwachsene reagieren darauf sehr direkt: »Ihr mit eurer Verbieterei!« »Lass mich halt mal in Ruhe essen.« »Darf man denn gar nichts mehr genießen?« Hat sich hier der Spieß gedreht? Eltern dürfen das getrost als Payback-Time verstehen. Jugendliche wiederholen hier oft etwas, was sie als Kind selbst erlebt haben.

Die Qualität des Brokkoli, die Herstellung des Brokkoli, die Zubereitung des Brokkoli, die besondere Würze des Brokkoli, das heute noch mal so emsig verfeinerte Rezept des Brokkoli – all das ist wichtiger als die Anwesenden. Redet da jemand wirklich mit Leidenschaft über sein Lieblingsgemüse, oder geht es ihm einfach darum, diesen Brokkoli irgendwie in die Kinder reinzubekommen? Würde man so eine Brokkoli-Tirade wirklich in sein Tagebuch schreiben? »Heute hatten wir ein besonders gesundes

Essen mit Antioxidantien, viel Eisen ...« Wenn der Brokkoli das Gespräch am Tisch füllt, hat nichts anderes mehr Platz. Alle starren aufs Essen, keiner schaut dem anderen in die Augen. Der Argwohn, dass das Kind nicht freiwillig isst, was es auf dem Teller hat, und dass es meiner gesundheitswissenschaftlichen Überredungskünste bedarf – all das sitzt mit am Tisch.

Wenn der Fokus so sehr drauf gelegt wird, strengen sich Eltern einfach zu sehr an. Sie müssen ihr Essen nicht als besonders nahrhaft, vitaminreich und gesund verkaufen. Sie können sich einfach zurücklehnen und weniger anstrengen. Bei den Kindern kommt an: »Das, was die Eltern da anbieten, ist okay. Und: Ich darf auch mal sagen, wenn ich was nicht mag.«

Das Fiese am Gesunden: Gegen dieses Argument kommen Kinder nicht an. Dass etwas gesund ist, ist dann halt wissenschaftlich bewiesen. Punkt. Eltern sind dann Briefträger, die die unumstößlichen Weisheiten weitergeben. Mit einem Postboten kann ich aber nicht sinnvoll darüber reden, was da in meinem Behördenbrief drinsteht. Recht schnell steht dann »gesund« bei Kindern für alles, was nicht so wirklich lecker ist. Das Wort wird zum roten Tuch. »Sooooo gesuuuuund« heißt im Klartext: Schmeckt nicht und muss trotzdem sein. Für Kinder ist gesund kein Argument. Sie kriegen lediglich mit, dass Mutter oder Vater dann einen ganz bestimmten Gesichtsausdruck bekommen und so einen Nachdruck. Es verwirrt. Wenn ständig betont wird, dass etwas gesund ist, heißt das dann auch, dass alles, was ich ohne Kommentar esse, ungesund ist? Ein Elterntrick, sicherlich gut gemeint, wird so zum Warnhinweis: »Achtung, gesund!«

Gesundes Essen sollte kein Argument sein, sondern eine Grundvoraussetzung. Dass das, was Vater oder Mutter oder derjenige, der an dem Tag oder in der Woche dafür zuständig ist, da auf den Tisch stellt, ausreichend nahrhaft ist. Es ist etwas ganz anderes, wenn ich ohne Hintergedanken von meiner Lust am Kochen erzähle, von dem neuen oder alten Rezept, das ich unbedingt ausprobieren wollte. Die Kombination von Fenchel und Orangen, gewürzt mit Pul Biber ... Schmeckt's euch? Mit seiner Objektivierbarkeit und seinen Nährwerttabellen wird das Gesundargument zum Schwergewicht: »Das ist unser Auftrag. Hauptsache, gesund!«

Es heißt dann nicht: Wir haben es versäumt, Zeit miteinander zu verbringen. Wir haben es versäumt, Spaß am Kochen miteinander zu haben. Wir haben es versäumt, uns genug Zeit zu geben, um den Esstisch zum Ort von Ausprobieren und Genießen und Geselligkeit zu machen. In der festen Absicht, ihrer Pflicht als guten Eltern nachzukommen, tischen Eltern dann stattdessen frischen Salat und junges Gemüse auf. Gesundes Essen wird dann zum Stellvertreter für eine gesunde Atmosphäre. Das alles heißt nicht, dass man nicht über die ungesunde Lebensmittelindustrie reden sollte. Darüber sind Kinder oft besser informiert als ihre Eltern. Über überzuckerte Süßgetränke und Qualitätssicherung, die nichts mit guter Qualität zu tun hat.

Und trotzdem: Stand heute haben bereits viele Millionen Kinder Pommes überlebt. Man kann also sagen: Es ist zumindest nicht direkt lebensbedrohlich. Ernährungsexperten warnen uns – sicherlich mit Recht – vor Acrylamid und ungesunden Transfetten, aber bekommen sie auch so etwas wie Genuss in den Blick? Darf das Kind die Pommes genießen? Oder wird es reglementiert (»Danach aber noch was Vernünftiges, ja?«) oder kritisiert (»Du isst ja schon wieder Fastfood-Zeug!«)?

Es darf, vielleicht sogar in Gemeinschaft mit der Familie! Vielleicht freuen sich andere mit ihm über das verzückte Gesicht, weil es so schmeckt. Und schön auch, wenn dieser Fokus der Aufmerksamkeit dann weiterrückt. Das Kind ist Teil einer Gemeinschaft und nicht das Ausstellungsstück, auf das alle gucken. Es sitzt nicht auf der Bühne und wird beobachtet oder muss die Show leiten. Dann steht das Kind nicht weiterhin mit seinem Teller im Mittelpunkt, sondern kann auch miterleben, wie die anderen sich unterhalten, lachen, diskutieren oder ihr eigenes Essen genießen. Und jeder kaut genüsslich. Wenn das so ist, dann kann auch eine große Schale Pommes extrem gesund sein.

Machen Querstreifen dick?
Andererseits: Wer isst schon Querstreifen ...

Es soll hier nicht um pummelig gehen, um stärkere Oberschenkel, ein Bäuchlein, Babyspeck, ein leichtes Rauskippen aus diesen verrückten Normvorgaben, denen wir kaum auskommen. Für den Begriff »dick« würde ich gern eine Bedeutung jenseits von Ozempic, Body-Mass-Index und TikTok-Haferbrei-Challenge vorschlagen. Von dick sollten wir sprechen, wenn Dicksein anstrengend wird, also physisch und psychisch. Wenn das Erste, was man bei einem Menschen sieht, das Dicksein ist. Wenn also jemand nur noch angeschaut wird und nicht mehr gesehen wird.

Ja, seit ein paar Jahren werden Body-Positivity-Bewegungen lauter, die unrealistische und diskriminierende Schönheitsideale anprangern. Trotzdem: Wir leben in einer Gesellschaft, in der Schönheitsoperationen immer noch zunehmen, Germany's Next Topmodel nach wie vor Normen vorgibt, Influencer Abnehmtricks zelebrieren, die verdächtig nach Essstörung klingen (den Tag mit ungesüßtem Espresso beginnen; vor jeder Mahlzeit Ohrläppchen massieren, danach: Zähne putzen; wenn schon essen, dann nur vor dem Spiegel).

Wie bin ich? Passe ich? Was fehlt mir? Diese Fragen geben beim Heranwachsen immer noch den Takt vor. Sie sind der Soundtrack des Größerwerdens: Immer präsent, mal leiser, meistens lauter. Und zunächst mal ist dieses Umschauen, Abgleichen, Messen auch kein Problem, sondern ein ganz normales soziales Verorten im großen Entwicklungs-Ping-Pong des Wer-bin-ich-und-wer-bist-du. Es ist wunderbar, sich in der Unterschiedlichkeit zu erleben: Wo sind wir uns ähnlich, wo gar nicht? Sich selbst kennenzulernen, sich zu entwickeln, braucht unbedingt den und die anderen. Wir wachsen auf in einer Vergleichskultur oder besser in einer Gleichartigkeitskultur: Menschen suchen nach Zusammengehörigkeit, nach Überschneidungen, nach Genau-wie-bei-mir-Gefühl. »Ich habe denselben Lieblingssong.« »Dieses Gefühl kenne ich ganz genau.« »Ich wollte mir haargenau die gleichen Schuhe kaufen.«

Dieses Mitschwimmen-Können, Gleichgesinnte finden, sich auf einer Wellenlänge spüren, tut unglaublich gut. Bei uns Menschen hat sich das im sozialen Miteinander eingeschlichen. »Ich weiß, was du meinst, ist bei uns ganz ähnlich.« Dieses Verstehen fühlt sich wohlig an. Da ist jemand, der einen nicht verurteilt, der einen nicht ablehnt, sondern sagt: »Oh ja, das kenne ich.« Aber wenn man genauer hinschaut, stimmt das nicht. Das Gegenüber kennt nicht wirklich, was der andere erlebt, er vergleicht es einfach mit seiner Erfahrung, sucht eine Schublade im eigenen Leben, die irgendwie zu passen scheint. »Verstehe nicht zu früh«, möchte man allen Zuhörern zuflüstern. Jede Parallelisierung mit den eigenen Erfahrungen ist immer auch ein Stück Vereinnahmung. Dieser Gedanke ist vielleicht ungewohnt. Wir sind es im Miteinander eher gewohnt, sich gegenseitig einzubringen.

Trotzdem sickert bei jedem irgendwann die Erkenntnis durch: Das, was mich ausmacht, das sind auch die Dinge, die mich unterscheiden. Sie machen mich einzigartig. Bis zu dem Punkt, der auch eine gehörige Portion Ernüchterung birgt, fast ein bisschen beängstigend ist: Es gibt niemanden, der ganz genau so tickt wie ich. Es gibt niemanden, der wirklich weiß, wie es sich anfühlt, in meiner Haut zu stecken.

Kinder schlittern weitgehend ungeschützt in diese große Vergleicherei hinein. Passe ich? Ist diese Frage anfangs eine von vielen, kann sie bei Jugendlichen schnell zur zentralen werden. Mädchen wie Jungen betrifft das heutzutage, deutlich massiver und deutlich früher. Ob der eigene Körper passt, beginnt oft schon bei Elfjährigen oder noch Jüngeren. Es wäre schön, all dies würde eine hohe Sensibilität bei Eltern wachrufen, sie würden Fallschirme zurechtschütteln, die Stärken freipusten, den Blick freibekommen für andere Richtungen. Aber Tatsache ist: Gerade am Esstisch fallen Eltern oft zurück in alte Reflexe. »Willst du wirklich noch ein Brot essen? Du hast doch schon so viel.« »Wir hätten auch Magerjoghurt!« »Vanillesauce *mit* Schlagsahne, echt?«

Eltern kommen in einen Kümmer-Präventiv-Modus, wittern überall Übergewicht, wollen später nicht die sein, die etwas verpasst haben. Sie sitzen heute am Tisch wie Türsteher vor dem Club, wer und was darf rein? Eine Art Vormund des Kindes, ganz wörtlich »vor-Mund«. In meinen Gesprächen mit Eltern und Familien tauchen diese Bemerkungen immer wieder auf, sogar öfter als früher.

Manchmal, erzählen die Eltern, kommen die Kommentare zum Körper auch von Kindern. »Boah«, stöhnen die, klopfen sich auf den Bauch, kneifen sich in die Seite, pressen die Lippen aufeinander. Derweil sind sie weit weg von Übergewicht. Eltern sollten, wenn das ein paar Mal vorkommt, sich Zeit geben, erst mal rekapitulieren: Wie ist das bei uns? Bin ich eine, die fragt, ob die Hose kneift? »Ich glaube, ich muss mal ein bisschen auf mein Gewicht achten.« Ist das in der Familie Thema? Reden wir oft drüber, flachsen wir? »Das fühlt sich aber bei dir so ein bisschen anders an, so weicher?« Wie sprechen wir über andere Leute, über Verwandte? »Ui, der sollte sich mal eine T-Shirt-Größe größer besorgen.« »Hat der abgenommen? Sieht gut aus.«

Egal ob wir offen abwertend »Fettwulst« oder »Doppelkinn« kommentieren, scheinbar souverän »Hüftgold« oder »Love Handles« belächeln, das sind alles wertorientierte Bemerkungen übers Aussehen. Die Frage nach dick und dünn ist gesellschaftlich aufgeladen: Bin ich konsequent, bin ich kontrolliert, kann ich maßhalten? Das Besondere an dieser Art von Aussagen ist, dass sie den Erziehungsradar unterlaufen. Eltern kontrollieren sich da nicht, denken gar nicht daran, dass das zur Erziehung beiträgt. Aber gerade diese Nebenbei-Bemerkungen, wie wir über andere Menschen sprechen, gehen bei Kindern tief in die Poren.

Manchmal nehmen sich Eltern auch heraus, Essgewohnheiten von Kindern anderer zu kommentieren, gern vor den eigenen: »Ich sag ja, diese Softdrinks sind teuflisch. Und die Zwischendurchmahlzeiten.« Sind das Warnhinweise an die eigenen Kinder, »Werdet ja nicht so wie die«, oder übergriffige Botschaften an die Betroffenen? In beiden Fällen sind sie überflüssig. Wer mit seinem Gewicht kämpft, weiß das alles schon selbst.

Das Erste wäre also, das eigene Verhalten abzuklopfen. Und dann geht es darum, dem zweifelnden Kind zuzuhören. Oft sind das auch Versuchsballons: einfach mal aussprechen, was einem alles an einem selbst nicht gefällt. Gar nicht so ernst gemeint. Wie hört sich das an? Was sagen die Eltern dazu? Als Erwachsener muss ich da vor allem zuhören und schnelle Antworten zurückhalten: In welchem Ton kommt das von meinem Kind?

Und jetzt wird's vielleicht für einige etwas schwierig. Kritische Selbsteinschätzungen der Kinder brauchen von Eltern weder Widerspruch noch Zustimmung, sondern ein ehrliches, zugewandtes »Aha, so siehst du dich«. Es ist eine Frage des Timings, wann es angebracht ist, eine persönliche Rückmeldung noch obendrauf zu satteln. »Ich will dir gern sagen, wie ich dich sehe. Magst du es hören?« An der Stelle hat der parteiische Mama- und Papa-Blick seine volle Berechtigung. »Für mich bist du, genau wie du bist, richtig schön.«

Kindern ist die einseitige Elternsicht wohl bewusst und sie tun sie vielleicht auch ab: »Ja, ja, das musst du als Vater oder Mutter ja auch sagen ...« Und doch kommt es bei ihnen an, wenn es ehrlich war. Und was als Selbstkritik des Sohnes oder der Tochter im Raum steht, müssen Eltern nicht bewerten. Sie wissen jetzt einfach ein bisschen mehr davon, wie ihr Kind sich selbst sieht. Punkt.

Geht es tatsächlich um Übergewicht, gibt es eine Sache, die Eltern vorab tun müssen: die Waage aus dem Haus schaffen, jetzt. Im zähen Ringen mit dem Übergewicht können Eltern ihre Kinder dreifach unterstützen. Erstens: Sie sollten sich maximal zurückhalten. Sämtliche Agenda muss vom Kind ausgehen. Andernfalls nutzt es nicht nur nichts, es schadet. Heimliche Diäten, Manipulation, mehr oder weniger versteckt, das Kind ständig durch eine Kalorien-Brille zu beobachten, verwunden den gesamten Esstisch.

Eine solche Impulskontrolle bedeutet für Eltern harte Arbeit. Denn natürlich: Sie wollen, dass es ihr Kind leicht hat im Leben, dass es nicht gehänselt wird, dass es unbeschwert in die Schule geht, eine Clique hat und mitmacht. Am liebsten würden sie die exakte Essensmenge vorschreiben. Aber auch für etwaige Diätregeln ist das Kind zuständig. Absolut verboten ist, Essen zu verbieten und Süßigkeiten zu verstecken. Es ist notwendig, dass ein Kind sich auch mal gegen die eigenen Regeln entscheiden kann. Und da darf kein Erwachsener die Hand festhalten, wenn es zum dritten Brot greift oder zur dicken Scheibe Käse. Wenn Eltern dazu was sagen müssen, dann höchstens: »Heute hast du dich so entschieden.«

Wie geht unterstützen, ohne zu entmündigen? Eltern sind hier eher wie Absturzsicherungen beim Klettern. Sie sollen nicht stören oder irritieren, aber da sein, wenn etwas nicht klappt. Ein Kind braucht seine Eltern dann, wenn es etwas, was es sich vorgenommen hat, nicht geschafft hat. Es braucht sie nicht, um das Essen zu kontrollieren. Wenn Sohn oder Tochter am Morgen danach über den vielen Käse vom Vorabend verzweifelt, dann also müssen die Eltern da sein. Sicherungsseile geben keine kritischen Kommentare, sie fangen einfach auf, wenn es dazu kommt.

Zweitens: Das Übergewicht muss raus aus dem Zentrum. Ein dickes Kind braucht eine andere Definition seiner selbst. Sonst gibt es das Kind immer nur als zu dick, und das ist furchtbar. Jedes Kind mit Übergewicht erlebt irgendwann: Ich gehöre nicht dazu. Wer als Kind erfährt, nicht gesehen zu werden, spürt schon in jungen Jahren, was anderen erst im Erwachsenenalter in Krisenmomenten oder als alter Mensch begegnet. Existenzielle Einsamkeit könnte man das nennen. Sie ist eine bittere Erfahrung. Aber sie gehört zum Menschsein dazu. Ein Kind ist mit diesem Erleben in zweifacher Hinsicht allein: allein, weil man auf die äußeren Merkmale reduziert und jenseits des Dickseins nicht gesehen wird. Allein aber auch mit dem Gefühl der Einsamkeit, weil Erwachsene grundsätzlich mehr ins Kind hineinsprechen als ihm zuhören. Sie trauen Kindern meist solche grundsätzlichen Erkenntnisse nicht zu oder sie wollen sie ihnen nicht zumuten. Aber genau darum geht es.

Niemand sieht, wenn ich Hunger habe, aber alle sehen, dass ich dick bin? Niemand weiß, wie es wirklich in mir drin ist. Wo ist der Hunger nach Leben? Welche Sehnsucht, welche Talente schlummern im Kind? Was macht das Kind und sein Leben sonst aus, jenseits dieser Pfunde zu viel? Welche Qualitäten und Facetten sind wichtig? Bei diesen Fragen können Mütter und Väter gut unterstützen. Wie kann ich in die Welt des Kindes eintauchen, ohne es anders machen zu wollen? Eine wertvolle Frage für alle Eltern. Für Kinder aber, die mehr angeschaut als gesehen werden, ist sie lebensnotwendig. Eltern dürfen nicht aufgeben, genau dieses Eintauchen immer wieder zu probieren.

Drittens: Die Eltern können nach versteckten Mechanismen fahnden. Wie war die Entwicklung in unserer Familie? Was gab es für Einschnitte? Und was bringen wir aus unserer jeweiligen Biografie mit? Das ist auch ein bisschen Detektivarbeit. Welches Erbe tragen wir mit in unsere Familie hinein? Essen ist immer mehr als Nahrungsaufnahme. Es könnte eine unbewusste Gewohnheit sein. Manche Eltern wurden als Kinder reflexhaft mit Salamibroten beruhigt, von Eltern wiederum, in deren Kindheit Essen und Zuwendung knapp waren. Macht Wut dick? Geht Trost bei uns durch den Magen? »Jetzt machen wir uns erst mal was Leckeres zu essen, oder?«, wenn der Kummer gerade besonders groß ist. »Ach, ein Schokolädchen tut doch jetzt gut.« Aber die Themen müssen nicht unbedingt direkt mit Essen in Verbindung stehen. Es ist wichtig zu wissen, dass unsere Kinder viel mehr von uns mitkriegen, als wir über uns selbst wissen.

Sind bestimmte Gefühle in der Familie No-Gos? Gibt es Hemmungen, irgendwas, was man nicht wirklich ertragen kann? Wer mit einem cholerischen Vater aufgewachsen ist oder aus einer Familie kommt, in der Konflikte nicht stattfinden durften, der wird eine Überlebensstrategie im Umgang mit Wut entwickelt haben. Dessen ist er sich nicht unbedingt bewusst. Aber er vermittelt es weiter. Wut etwa ist dann irgendwie gefährlich in dieser Familie. Wenn das Kind dort anfängt, Ärger sichtbar zu machen, dann wird seine Mutter vielleicht ganz nervös, dann geht sie in die Anspannung. Das muss niemand wirklich merken, und trotzdem wirkt es. In dieser Anspannung ist es vielleicht besser, man bereitet schnell was zu essen vor: »Ich mach uns ein paar Sandwiches, die magst du doch so gern.« Das ist das Gewohnte, das lenkt ab. Essen ist eine leichte Fluchtmöglichkeit, die recht schnell und kurzfristig Ablenkung und Befriedigung verschafft.

Und es ist so wichtig, dass solche Zusammenhänge nicht als Vorwurf oder schlechtes Gewissen an die Eltern gehen. Kein Elternteil macht das mit Vorsatz! Das neue Detektivbüro hat keine Anklagebank. Es ist vielmehr die Chance, sich selbst, die Familie und auch die Kräfte, die dort vielleicht bisher im Verborgenen wirken, besser kennenzulernen. Auch hier gilt: Kinder sind für Eltern dann am wertvollsten, wenn sie für sie am schwierigsten sind.

Willst du dann einen Knusperwaffelwürfeljoghurt?
Von Alles-möglich-machen-Wollen zum freundlichen Nein

Eltern wollen, dass es ihrem Kind gut geht. Am Tisch bedeutet das, dass das Kind das Essen mag, das sie ihm anbieten. Hört sich erst mal harmlos an, hat aber Tücken. Denn diese Annahme ist vor allem eins: unrealistisch. Das wird nicht immer funktionieren. Und dann? »Brav aufessen, damit morgen die Sonne scheint!«? »Andere Kinder wären froh, wenn sie überhaupt was zu essen hätten!«? »Nachtisch gibt's, wenn der Teller leer ist!«? Viele der Erwachsenen, die heute Eltern sind, sind genau mit solchen Sprüchen am Esstisch groß geworden. Es gab wenig Interesse zu erfahren, wie das Essen ankommt oder wie sich die Geschmackswelt des Kindes entwickelt. Ihnen wurde etwas auf den Tisch gestellt, was sie essen sollten und mussten.

Diese Erfahrung hat sich tief eingebrannt. Manche Eltern wiederholen sie, vielleicht in einem bisschen freundlicheren Ton, die meisten wollen es ganz anders machen. Aus »Es wird gegessen, was auf den Tisch kommt!« wird dann »Ich orientiere mich ganz und gar an dir«. Das Kind soll sich auf keinen Fall übergangen fühlen, keine Ablehnung erfahren, kein Wunsch soll unerfüllt bleiben. »Wir machen alles möglich, damit hier niemand protestieren oder quengeln muss.«

»Setz dich auf deine vier Buchstaben«, hieß es früher. Heute haben Eltern ein anderes Vierbuchstabenproblem. Es heißt: Nein. In Familien gibt es heute keine Kultur des Neinsagens. Das gilt nicht nur, aber auch für den Esstisch. Das freundliche, zugewandte »Nein«, das genauso zu einem Sich-Kennenlernen gehört wie das »Ja«, hat kaum Raum. Derweil geht das eine nicht ohne das andere: Nur, wer richtig Nein sagen kann, kann auch Ja sagen. Wie soll ich wissen, ob die Bekannte wirklich mit mir Kaffee trinken will, wenn sie noch zu keinem einzigen meiner Vorschläge je Nein gesagt hat? Oder wenn es wieder mal um die Frage geht, die Schwiegereltern zu besuchen: »Natürlich bin ich unzufrieden, wenn du Nein sagst. Aber noch unzufriedener bin ich, wenn du Ja sagst und Nein meinst.«

Der Familienalltag ist angefüllt mit Routine und Erwartungen, Freude und Frustration, unerwarteten Erlebnissen und Wiederholungen, Konflikten, Klärung, Missverständnissen, Zuneigung und Ärger ... Essen gehört zu diesem Alltag dazu, und all das kann und soll dort ausprobiert werden. Der Esstisch ist das kleinste, aber wirkungsvollste Trainingsgelände des Menschen. Auf dem Trainingsplan: jede Menge Neins und Jas – in allen Schattierungen.

In Familien, in denen Eltern mit Nein-Schwäche versuchen, immer alles möglich zu machen, gibt es vor allem Optionen. »Magst du Pfirsich-Maracuja-Joghurt? Nein. Stracciatella? Nein. Es gibt noch Erdbeer? Nein. Knuspertopping? Nein. Dann aber ...« Hier wollen Eltern wirklich gern das Richtige finden. Dabei geschieht das Gegenteil von dem, was sie wollen. Sie verlieren die Verbindung zu sich und zum Kind. Dieses Meer an Möglichkeiten kippt in eine Lose-lose-Dynamik, bei der beide Parteien verlieren. Was fehlt, ist ein freundliches, rechtzeitiges, persönliches »Nein«.

Schauen wir zunächst auf die Eltern. Das Alles-möglich-Machen fängt oft ganz harmlos an: Wir sind Eltern, die auf Ideen und Wünsche des Kindes hören und diese auch ernst nehmen wollen. Das fühlt sich erst mal prima an: »Ich bin eine richtig gute Mutter. Ich lese meinem Kind die Wünsche von den Lippen ab.« Und bei einem Säugling ist das Kennenlernen ja auch tatsächlich ein liebevolles Nebelstochern: »Was meint mein Sohn da gerade?« »Was könnte meiner Tochter gerade guttun?« Aber bald schon mischt sich ein Wort mit hinein, das nicht mehr so optimal ist: »Ich *richte* mich gern nach dir. Ich wollte dieses Kind, also bin ich jetzt auch für es da und tue alles, damit es glücklich ist.« Keine leichte Bürde für das Kind. Bis hin zu: »Ich *widme* dir mein Leben.«

Und dann schleicht sich etwas ein, was erst mal gar nicht richtig bemerkt wird: Eltern beginnen, sich selbst zu vernachlässigen, sich selbst nicht mehr richtig wahrzunehmen. Was will ich? Was will ich nicht? Vielleicht habe ich meine Grenzen auch noch nie so richtig gespürt? Eigentlich sind diese für viele Mütter und Väter schwierigen Fragen ein großer Gewinn, den das Leben mit Kindern ganz automatisch mitbringt. Durch Kinder werde ich so an meine Grenzen geführt, dass ich sie spüren darf und muss. Solange ich keine Kinder habe, spüre ich sie vielleicht gar nicht. Freunden gegenüber muss man nicht so ehrlich »Nein« sagen wie Kindern gegenüber … Die Beziehung zwischen Eltern und Kindern ist da anders. Ein Glück!

Kinder scannen ihre Eltern durch und durch, sie spüren Zögern, Unsicherheit und Zweifel, genauso wie Zuversicht, Stimmigkeit, Klarheit. Sie sind mit dieser genialen Fähigkeit ausgestattet, weil sie die ersten Jahre komplett darauf angewiesen sind. Eltern treffen täglich viele kleinere und größere Entscheidungen, sie sagen Ja und natürlich auch Nein. Sie entscheiden sich jeweils aus verschiedenen Gründen für das eine oder das andere. Für kleine Kinder sind diese Gründe nicht ausschlaggebend. Sie scannen stattdessen, wie sattelfest Eltern zu ihrer Entscheidung stehen. Für sie wird es in dem Moment schwierig, wenn Eltern sich selbst nicht wichtig nehmen. Bei einer Für-dich-tue-ich-alles-Haltung verlieren Eltern genau dieses Gespür für sich selbst. Das System »Anbieten« dreht leer. Die Eltern gehen mit der ganzen Aufmerksamkeit auf ihr Kind ein und merken dabei gar nicht: Ich selbst komme zu kurz. Die Gefahr ist, sich selbst nicht mehr wichtig zu nehmen und zu verlieren. Im Extrem bedeutet das: »Dein Wunsch, liebes Kind, ist mir Befehl.«

Das Kind – um jetzt die Seiten zu wechseln – erlebt: »So ist das also hier beim Essen. Ich stehe im Mittelpunkt. Ich muss die Entscheidungen treffen. Ich muss auf alles reagieren, alle richten sich nach mir. Ich kenn mich nicht mehr aus, aber es hört nicht auf.« Kein leichter Job, den das Kind aber nicht ablehnen kann. Schließlich gibt es keine Alternative. Es kann nur versuchen, den Job so gut wie möglich auszufüllen. Diese Überforderung führt beim Kind zu Erschöpfung und Chaos. Wer immer im Mittelpunkt steht, ist kein Teil der Gemeinschaft. Eine Wahllosigkeit an Möglichkeiten kann ein Kind genauso allein lassen, wie gar keine Wahl zu haben. Es setzt das Kind im Uferlosen aus, ohne Rahmen, ohne Begrenzung. Die Erwachsenen werden in ihrer eigenen Konturlosigkeit unsichtbar.

Bei einem Baby legt man manchmal eine Begrenzung auf die Decke, dass es nicht so im leeren Raum verloren ist, sondern mit den Füßen und Händen in Kontakt tritt, Halt findet. Im übertragenen Sinn brauchen genau das auch ältere Kinder. Dreijährige müssen spüren, dass da ein Gegenüber ist, ein Mensch mit Kontur, ein Widerstand. Ein Widerstand, der mich aber nicht zerstört im Sinne von: »Wie unmöglich bist du, dass du das alles haben willst.« Aber ein Widerstand, der sagt: »Aha, das willst du. Aber das haben wir gerade nicht. Frische Himbeeren sind gerade nicht möglich.« Und kann der Dreijährige dann mit einem aufgestampften »Will ich aber!« reagieren? Ist das möglich in meiner Familie? Denn dieses »Will ich aber!« ist ja nicht der Ausspruch eines »Tyrannen«, der Gefolgschaft einfordert. Es ist vielmehr ein Erleben, ein Probieren mit Sprache und Widerrede, ein Probieren mit den großen Muskeln, die da plötzlich zur Verfügung stehen. Und wenn dann die Wände, die die Eltern bieten sollen, sofort umkippen, dann ist der sichere Raum gefährdet. Dann fühlt sich das Kind einsam.

Das Ergebnis ist im Extrem ein Kühlschrank, in dem alles vorrätig ist, was das Kind jemals gern gegessen hat. In so einer Familie wird das Kind immer etwas finden, was gerade nicht im Haus ist. Aus dem Wunsch heraus, nichts gegen den Willen des Kindes zu entscheiden, wird dann ein Immer-recht-machen-Wollen. Aber das, was ein Kind in diesen Situationen mehr und mehr vermisst, liegt in keinem Kühlschrank. Es braucht Eltern, die keine Angst vor Konflikten haben, die sich nicht retten in: »Ich habe doch genau das besorgt, was du wolltest!« Denn damit bekommt das Kind vielleicht, was es will, aber nicht das, was es braucht. Das Lieblingsessen ist ein Wunsch oder eine Lust, Beziehung und Nähe sind Bedürfnisse.

Ein Kind mag dann vielleicht vordergründig und kurzfristig happy sein, den Erdbeerjoghurt mit Smarties-Topping, das Brot in Streifen geschnitten, halb Marmelade, halb Nutella – »Nein, nicht auf die Seite, genau andersrum!« Was das Kind in so einer Familie massiv vermisst, ist Nähe und Klarheit von Erwachsenen. Erwachsene, die die Führung übernehmen und eine Orientierung geben, indem sie vorleben, was sie mögen oder nicht mögen, und wie sie das eine oder andere herausfinden. Erwachsene, die auch mal die Traurigkeit und Frustration des Kindes aushalten und trotzdem in der Nähe bleiben.

Wenn sich das Immer-recht-machen-Wollen über Jahre fortsetzt, dann haben wir es mit Kindern zu tun, die gern als Tyrannen, ewige Nörgler oder Prinzessinnen bezeichnet werden, denen man vermeintlich nichts recht machen kann, die einen keine Minute allein etwas machen lassen. Sie werden als schwierig definiert, als die, die mit nichts zufrieden sind, egal was man ihnen anbietet, und ständige Aufmerksamkeit fordern. Immer müssten sich alle nur nach ihnen richten. Aber nicht die Kinder sind so, sie wurden durch die Erwachsenen so. Sie haben die Aufgabe bekommen, für die ganze Familie Entscheidungen zu treffen. Diese Kinder haben unglaublich viel zu tun. Sie haben die Führungsrolle aufgedrückt bekommen, sind damit aber heillos überfordert. Sie erfüllen sie, so gut sie können, aber diese Situation ist für niemanden gut. Daraus entsteht Unwohlsein, für das die Kinder verantwortlich gemacht werden. Die Gründe dafür – auch wenn es gut gemeinte Gründe sind – liegen bei den Eltern. Sie haben den Scheinwerfer ständig aufs Kind gerichtet und damit das Kind dauerhaft von sich selbst abgelenkt. Das Kind sieht nur das gleißende Licht. Die Eltern sind dahinter verschwunden.

Natürlich kommt auch bei Eltern, die es ihren Kindern immer recht machen wollen, im Alltag ein Nein vor. Es kommt aber – und das merke ich bei Elternberatungen generell – regelmäßig zu spät. Eltern achten zu wenig auf den eigenen Kipppunkt. Sie verpassen den Moment, in dem sie noch freundlich absagen können. Schlechtes Gewissen und Zweifel sind die häufigsten Gründe, warum Eltern ihre Grenzen nicht wahrnehmen oder bewusst ignorieren. Weil ich zu wenig Zeit für mein Kind habe, weil ich ungeduldig bin beim Anziehen am Morgen, weil ich nicht oft genug auf dem Spielplatz bin, weil ich mein Kind weinend in der Kita abgebe … Eltern beißen die Zähne zusammen und gehen dabei weit über ihre eigenen Grenzen. Sie tun das fürs Kind. Sie tun ihm damit aber keinen Gefallen. Denn einerseits: Nach dem Kipppunkt kommt die schlechte Laune. Oft genug funktioniert es dann eben doch nicht mit dem Zähne-zusammen-Beißen, und meistens wird dann das Kind dafür verantwortlich gemacht: »Jetzt sind wir wegen dir extra vom Spielplatz weg in den Park, und jetzt passt es dir wieder nicht.«

Andererseits schlägt auch das schlechte Gewissen voll auf die Atmosphäre durch. Kinder haben feine Antennen dafür, in welcher Stimmung und Motivation Eltern handeln. Deswegen sollten Eltern unbedingt besser auf sich und ihre Grenzen schauen und, bevor sie die Zähne zusammenbeißen, freundlich aussprechen: »Wir haben diesen Joghurt hier und Müsli. Wenn dir das heute beides nicht recht ist, dann mach dir gern ein Käsebrot.« Für die Kleineren gibt's Kräcker oder Zwieback.

Die Nein-Schwäche zieht noch weitere Kreise: Eltern, die sich schwertun, rechtzeitig »Nein« zu sagen, überhören auch das »Nein« ihrer Kinder oder planen es als Möglichkeit überhaupt nicht ein. »Willst du lieber Frischkäse oder Marmelade?« Die Frage ist, in welche Erwartungshaltung der Erwachsene dabei rutscht. Darf ein Kind auch nichts wählen oder was ganz anderes wollen? Und was kommt danach?

Es ist ein großer Unterschied, ob ein Wunsch des Kindes gerade nicht erfüllt oder als falsch verurteilt wird. Ein nicht erfüllter Wunsch ist ein Verlust, der verdaut und verarbeitet werden muss und kann. Kummer und Frustration darüber sind gesunde Reaktionen. Sie helfen kleinen Menschen wieder ins Gleichgewicht zu kommen. Etwas, was übrigens für große ganz genauso zutrifft.

Eltern tun sich oft schwer, mit der Frustration ihrer Kinder umzugehen. Vielleicht hilft es, sich die Alternative vorzustellen? Achselzucken statt stampfen, zur Tagesordnung übergehen statt protestieren. Ist so ein pflegeleichter Umgang mit Enttäuschung wirklich das, was Eltern sich wünschen? Wahrscheinlich fragen sich die Eltern nach der zweiten oder dritten gleichgültigen Reaktion, ob das Kind vielleicht krank ist.

Wir Erwachsene haben ein ganzes Arsenal an abwertenden Bezeichnungen für die Frustration und die Wut von Kindern parat: »Jetzt ist er wieder im Berserkermodus«, heißt es dann. Statt nachzufragen: »Worauf bist du so wütend?«, sprechen wir vom Anfall wie von einer Krankheit, dem Wut- oder Tobsuchtsanfall. Das sollten wir unbedingt sein lassen. Frustration gehört dazu, ist ein normaler Verdauungsprozess, dauert. Manche Kinder finden dafür sogar eigene Worte: »Ich habe mich noch nicht genug geärgert.«

Was für Menschen schwierig ist und was ihre Basis angreift und auf Dauer aushöhlt, ist Kritik am Wunsch selbst. Das macht die eigenen Impulse nieder. Erwachsene werden dazu verleitet, weil es ihnen nicht gelingt, mit gutem Gewissen »Nein« zu sagen. Ihr Unbehagen darüber übertragen Eltern auf das Kind: »Damit ich mich nicht schlecht fühlen muss, werte ich deinen Wunsch ab. Warum zwingst du mich, ›Nein‹ zu sagen?« Da wiederholt sich oft etwas, was Erwachsene als Kind selbst erlebt haben. Und sie erreichen damit genau das Gegenteil von dem, was sie sich von Herzen wünschen. Sie wollen ihrem Kind eine gute Basis mitgeben. Sie wollen, dass es mit einer Sicherheit auch woanders am Tisch sein kann und gut entscheiden kann: Wie will ich hier sein? »Aha, hier muss ich mich ein bisschen mehr anpassen, mehr verbiegen. Aber okay, das wird dieses Essen lang gut möglich sein. Und dann gehe ich wieder.«

Die Dauerschleife aber, wenn sich Eltern mit ihrem »Nein« quälen und den Grund dafür den Kindern zuschieben, bewirkt zwei Dinge. Erstens: Sie bindet Energie. Zweitens: Sie verhindert und blockiert Beziehung. Wie viel Energie wenden Kinder auf, um dieses Erziehungskonzentrat irgendwie über sich ergehen zu lassen? Auch so etwas wie Auf-Durchzug-Stellen kann eine sehr anstrengende Tätigkeit sein. Und so richtig funktioniert der Durchzug ja zudem auch nicht ... Wie viel bedrängen Eltern, bevor sie ein »Nein« für voll nehmen, etwa wenn ein Kind ein Essen ablehnt? Können sie ein Kopfschütteln, ein »Lieber nicht« gut gelaunt akzeptieren oder hören sie erst auf »Bäh«, können erst dann *auf-hören*? Und wie ist dann die Stimmung? Wird das »Bäh« verurteilt? »Du musst das Essen nicht schlechtmachen, nur weil du es nicht magst.« Wir brauchen Vorbilder fürs Neinsagen. Eltern fehlt oft die Wahrnehmung für ihre eigene Schmerzgrenze. Sie tun sich schwer mit einem freundlichen »Nein« oder einem »Okay, so weit ja, aber weiter nicht«.

»Lieber esse ich mich selbst satt, als dass ich meine Kinder hungern lasse.« Könnte auf einem T-Shirt stehen, der Spruch, harmlos, bisschen witzig – und doch steckt Wahrheit drin. Eltern, die vergessen, sich um sich selbst und um die Partnerschaft zu kümmern, die nicht gut für sich sorgen, machen dem Kind das Leben schwer. Es sind Eltern, die sich aufopfern, die sich in der Absicht, ganz fürs Kind da sein zu wollen, immer hintanstellen und sich darüber selbst verlieren. Wenn sich aber alles nur ums Kind dreht, vergessen Eltern, wer sie selbst sind. Vielleicht wollen sie es anders machen als ihre eigenen Eltern? Auf jeden Fall wollen sie gute Eltern sein und verzweifeln zusammen mit dem Kind oder den Kindern, wenn es nicht gelingt. Wenn sich das Leben der Eltern nur um die Bedürfnisse des Kindes dreht, kommt dem kleinen, groß werdenden Menschen in der Mitte die Orientierung abhanden. Der Mittelpunkt ist für ein Kind ein äußerst anstrengender Ort.

Was können Eltern jetzt tun? Die Situation ist vielleicht so weit, dass jedes zweite Essen zum Tanz am Abgrund wird, weil sich das Immer-recht-machen-Wollen als festgefahrener Ritus etabliert hat, der Hochstuhl zum Thron wurde. Wenn Eltern sich bewusst sind, dass sie in einer Sackgasse gelandet sind, braucht es mindestens zwei Dinge: Großzügigkeit und Verantwortung.

Großzügigkeit brauchen solche Familien gegenüber allen Beteiligten. Denn was jetzt über Jahre eintrainiert wurde, kann sich nicht binnen Tagen ändern. Auch wenn sich niemand in der Familie mit diesem Meer an Möglichkeiten wohlgefühlt hat, ist es doch zur Gewohnheit geworden. Und die Eltern werden Zeit brauchen, sich in ihrer neuen Rolle als echtes Gegenüber einzufinden und sich nicht weiter hinter dem Angebotsgewitter zu verstecken. Großzügigkeit brauchen die Eltern aber auch im Umgang mit sich selbst. »Ja, wir haben uns verlaufen, aber unser Beweggrund war, eine harmonische Familie aufzubauen. Wir haben dabei uns selbst und unsere Grenzen übersehen. Wir haben es nicht geschafft, dem Kind einen verlässlichen und stabilen Rahmen zu bieten, wo auch ein Nein Platz hat.«

Verantwortung bedeutet, nicht der Versuchung zu erliegen, das Kind zu problematisieren. Nicht das Kind ist eine Extrawurstprinzessin geworden oder ein Tyrann, sondern wir Eltern sind – im Versuch, es richtig zu machen – ein paar Mal falsch abgebogen.

»Liebes Kind, wir haben dir in den letzten Jahren sehr viel aufgeladen. Wir haben versucht, dir alles zu ermöglichen. Jetzt wissen wir, dass wir dir dadurch viel zu viele Entscheidungen übertragen haben. Wir haben uns als Eltern verlaufen. Damit haben wir dein Leben für dich anstrengend gemacht. Das wird jetzt anders. Ab jetzt übernehmen wir. Und uns ist klar, dass die Umstellung für dich Zeit braucht.«

Wenn der Abgrund in einer Eskalationssituation nahe rückt und Eltern sich entscheiden, nicht wegzugehen, könnte ein Anfang lauten: »Jetzt gerade bin ich hilflos, jetzt habe ich keine Idee mehr, was ich noch tun kann.« Die Sätze hören sich beim ersten Lesen an wie eine Kapitulationserklärung. »Ich kriege das gerade nicht so hin, wie ich es wollte, wie es sein sollte, wie es alle anderen doch schaffen ...« Wo soll hier bitte der Gewinn liegen?

Der Gewinn für die Eltern liegt darin, nicht über die eigene Stimmung hinweg zu gehen. Sich von den belastenden Idealvorstellungen zu verabschieden und klar und freundlich von sich und den eigenen Grenzen zu sprechen. Das ist ein Anfang. Die Eltern können sich freundlich eingestehen, wie es ihnen gerade geht. Das ist erlaubt, und alle Beteiligten dürfen sich entspannen. Kinder reagieren eins zu eins auf die Stimmung der Eltern. Sind die unter Druck, tut die Anspannung ihre Wirkung und überlagert das Essen. Den Eltern gegenüber sitzt ein kleiner Mensch, der noch einige Jahre lang täglich mal mehr und mal weniger ausprobieren muss, was ihm schmeckt und was nicht und wie viel davon. Die eigene Überforderung offen und mit einer Herzlichkeit gegenüber sich selbst auf den Tisch zu packen, kann die Stimmung deutlich ändern. Der Gewinn liegt an der offenen und ehrlichen Haltung sich selbst gegenüber, wenn es nicht so läuft, wie man denkt, dass es laufen soll. Der Gewinn liegt genau darin, dass man sich selbst seiner eigenen Ansprüche bewusst wird: Was bedeutet für einen selbst eine gelingende Familie?

Sprüche und Ansprüche
Eine große Frage: Was erzieht wirklich?

Wie war's in der Schule?
... und wie wir wirklich miteinander ins Gespräch kommen

Mit vollem Mund spricht man nicht? »Mn m m n knn-n«, könnte man flapsig antworten, also: »Man muss es nur können.« Es ist Übungssache, eine Frage der Technik, die verschiedenen Zielvorgaben da unter einen Hut zu bringen: Dass nichts rausfällt etwa, man trotzdem verständlich ist, sich nicht verschluckt.

Das gute Gespräch ist der geheime Hort aller Elternsehnsucht am Esstisch: Austausch, Interesse, Nähe. Eine Unterhaltung, bei der sich jeder einbringt, alle was voneinander erfahren, diese eigene Wir-Gemütlichkeit poliert wird. Der Esstisch ist in vielen Familien heute der einzige Platz, an dem sich alle treffen, das Essen die einzige Zeit, an der es die Chance gibt, dass alle zusammenkommen. Deswegen ist der Esstisch ein großartiger Ort für jede Art von Austausch, für tiefsinnige Gespräche, genauso aber auch für Albereien oder Small Talks, scharfe Diskussionen oder Updates, was in der Familie so los ist. Und natürlich können da auch richtig intensive Unterhaltungen entstehen, bei denen niemand aufstehen will und alle beeindruckt sind, weil sie was voneinander erfahren, was sie verbindet. Diese Gespräche schaffen eine Atmosphäre, die einen wirklich berührt.

Wie können wir gut miteinander ins Gespräch kommen? Wichtig für Eltern ist das eigene Erwartungsmanagement. Sie sollten sich mit der größtmöglichen Offenheit an den Tisch setzen. Die Haltung: Mal sehen, was passiert. Es wird auch Essen geben, bei denen man sich hinterher fragt: »Mein Gott, was war das jetzt?«, oder währenddessen reingrätscht: »Können wir über was anderes reden?« Essen, bei denen einer vielleicht auch den Mund zu voll nimmt und es Stress gibt.

Das alles hilft natürlich nicht gegen die eigenen Erwartungen an gute Gespräche. Sie bleiben einfach da, sitzen mit am Tisch. Und es ist wie so oft: Wer etwas loswerden oder abstellen will, erreicht oft das Gegenteil. Ein anderer Umgang wäre, sich den Erwartungen zu stellen, sie einzuladen: »Ah ja, Erwartungen, da seid ihr wieder.« Je bewusster sich jemand seiner Erwartungen ist, desto eher dürfen sie auch klein werden, an Bedeutung verlieren. Es kann helfen, sie offen auf den Tisch zu packen. Vielleicht bei einer Tasse Kaffee zwischendurch oder beim Wäscheaufhängen. »Sag mal, ich will gern wissen, wie es dir mit mir beim Essen geht. Ich glaube, ich habe da viel mehr Lust zu reden als du?« Oder auch mal direkt beim Essen: »Ihr habt ja wirklich gute Laune. Ist mir heute irgendwie ein bisschen zu laut. Ich probier's mal mit Kerzenlicht. Vielleicht dämmt das den Pegel? Was meint ihr? Zwei Kerzen?« Und dann auch einen zweiten, vielleicht direkteren Versuch wagen. »Ich hätte es heute wirklich gern ein bisschen ruhiger. Krieg ich das?« Die hohe Schule wäre dann, auf das »Neeeiiin, das wird heute nichts!« hin, einfach ein bisschen schneller zu essen, Contenance zu bewahren. War ein Versuch. Das Dessert kann man ja im Nebenraum zu sich nehmen ...

Vielen Eltern fällt es schwer, mit ihren Kindern so ins Gespräch zu kommen, wie sie es gern hätten. Ein guter Test ist der elterliche Gähnreflex: Was passiert, wenn ein Kind – egal ob groß oder klein – zum Beispiel am Frühstückstisch gähnt oder sich die Augen reibt? Kommt dann ein »Oha, da muss jemand aber heute

Abend zeitig ins Bett«? »Wie wär's mit einem Mittagsschlaf?« »Heute machen wir früher das Licht aus, ja? Nicht mehr so lange lesen ...« Irgendein Kommentar folgt garantiert – und meistens ist es ein Rat, ein Vorschlag, eine Empfehlung. Sogar mehr als das: Eltern machen mit dem Gähnen ihre Schlafansagen unantastbar. »Siehste? Du reibst dir ja schon die Augen!« Müde sein ist für Kinder riskant. Es folgt daraus ein Müssen. »Du bist müde, also musst du ...« Kinder reagieren auf den Reflex der Eltern reflexartig. Sie widersprechen dem Müssen. »Neeeiiiin, ich bin nicht müde!«

Eltern können testen, was sich ändert, wenn sie sich da zurückhalten. »Du bist müde, oder? Sieht so aus.« Punkt. Die Beschreibung reicht, den Rest sollte man bei sich behalten, den Unterton auch. Wirklich bei dem Punkt aufzuhören, braucht Übung und die Erkenntnis, dass alles Weitere die Reflexspirale anschiebt. Vielleicht wird ein Kind dann irgendwann rückmelden können: »Ja, stimmt, bin müde.«

Eltern sind schnell mit Ratschlägen zur Stelle, obwohl vielleicht nur ein Zuhören, ein Beobachten, ein Anlehnen-Lassen angefragt war. Zurückhaltung ist tatsächlich nicht sehr verbreitet bei Eltern. Falls ein Papa wirklich Sorge hat, an seinen tausend guten Vorschlägen und Ideen und Gedanken zu ersticken, dann sollte er zumindest vorher nachfragen: »Ich hätte eine Idee, willst du die hören?« Somit ist der Vorschlag ein bisschen abgepuffert, kommt als Idee daher, zu der das Kind immer noch »Ja« oder »Nein« sagen kann. Oder ein »Vielleicht« im Sinne von »Aber bitte nicht länger als drei Minuten, Papa« oder »Mach mal, ich sag dir, wenn ich genug gehört habe«.

Das eigentliche Problem der Eltern-Kind-Gespräche ist die Grundhaltung. Der häufigste Modus ist eine Art ausfragen. Die

Hamburger Kinder-Hip-Hop-Band »Deine Freunde« singt genau davon in »Erzähl mal«:
»Wie war das Essen? Gut //
Wie hat es dir geschmeckt? Gut //
Wie war's zubereitet? Gut //
Wie war der Tisch gedeckt? Gut //
Wie hast du gegessen? Gut //
Wie hast du verdaut? Gut //
Wie schmeckte der Nachtisch? Gut //
Und was gab's überhaupt? Weiß ich nicht mehr ...«

Wer fragt, kriegt Antworten. *Nur* Antworten, mehr nicht. Das heißt: Wer *nur* fragt, kriegt halt auch *nur* Antworten. So ein Ausfragen führt zu keinem Gespräch. Es ist eine Informationsbeschaffung, einseitig und funktional. Der, der fragt, definiert einen Teil der Antwort. In Richtung und Tonlage der Frage steckt immer schon eine Vorstellung davon, was beim anderen gerade los ist. Es sind oft Fragen, die wenig Interesse an der Person zeigen, sondern den hoffentlich reibungslosen Tagesablauf bestätigt haben wollen. »Und wie war's in der Schule?« Oft sind die Antworten einsilbig. Und dann? »Was gab's zu essen? Hast du Hausaufgaben? Wann sind die nächsten Prüfungen? Ist morgen wieder Mathe? Hast du schon angefangen zu lernen?« Vielleicht könnten wir bestimmte Themen ganz vom Tisch verbannen? Eine Art Nulldiät für Schulthemen beispielsweise: Mathenoten, Nachhilfe oder der nächste Test gefährden oft grundsätzlich Stimmung und Appetit.

Das sind Fragen, die kontrollieren. Niemand erfährt so, was den kleinen und vor allem den jugendlichen Menschen, der da mit am Tisch sitzt, bewegt. Grundschulkinder sind da meist noch großzügig. Sie lassen sich erst mal ausfragen und erzählen dann von sich aus weiter. Heranwachsende aber, so ab elf, zwölf, dreizehn, machen oft zu. Sie murmeln Ein-Wort-Antworten und parieren die Ausfragerei zunehmend wortkarg. Bewusst oder unbewusst übernimmt dort dieses Gefühl, ausgefragt zu werden. Um da wieder rauszukommen, müssen sie mitkriegen, dass jemand wirklich Interesse an ihrer Person hat, auch an diffusen Auseinandersetzungen, zuhört, was sich gerade tut, was sich verändert im Leben. Und da passiert irre viel. Wenn man dann gefragt wird: »Was gab's in der Schule zu essen?«, ist das so banal und unwichtig, dass man eigentlich nur antworten kann: »Habe ich vergessen.« Jugendliche machen Eltern das nicht bewusst zum Vorwurf. Aber wenn nur diese Ausfragerei kommt, hören sie einfach auf zu reden.

Oft übernehmen Jugendliche schubweise Bereiche ihres Lebens. Sie stellen sich selbst einen Wecker, planen, organisieren, verwalten – Schule, Freizeit, Geld. Sie kümmern sich um ihre Hygiene, waschen vielleicht auch Wäsche, kochen, putzen. Sie erarbeiten sich eine Lebensfähigkeit jenseits der Eltern. Die Entwicklung ist rasant und verändert das eigene Leben und das in der Familie. Was sie brauchen, ist: Interesse und Empathie. Vertrauen statt Kontrolle, Anerkennung statt Bewertung, bedingungslose Liebe statt Wenn-Dann, Widerstand statt Verbot. Eltern machen sich oft gar nicht klar, in was für eine schwierige Lage sie ihre Kinder mit der Verbieterei bringen. Verbot verlangt Gehorsam. Alles andere ist Ungehorsam. Die Entscheidung für ihr Handeln müssen Jugendliche aber selbst treffen, für sich und nicht gegen ihre Eltern. Die Alternative zum Verbot heißt Widerstand. Wie ein Sparringspartner beim Boxen, der den Champion mit Schlagpolstern vorbereitet. Maximaler Widerstand, ohne zu verletzen. Was Jugendliche absolut nicht brauchen können: kategorisiert werden, belehrt werden, Sorgen der Eltern, Respektlosigkeit ihnen gegenüber, Streit der Eltern über die Kinder, ewige Fragerei.

Wenn Eltern ihren Ausfragemodus bemerken und nicht mehr wollen, dann müssen sie wirklich neu starten. Das kostet erst mal Mühe, weil die Fragen fast von selbst aus dem Mund purzeln. Oft sind es immer noch dieselben Fragen, die die Eltern als Kinder selbst gehört haben, eine Kombination aus Fürsorge und Kontrolle: So bin ich eine gute Mutter oder ein guter Vater. Gedanken wie ein Schaukelstuhl. Sie halten einen in Bewegung, bringen einen aber nirgendwo hin. Um etwas zu verändern, müssen Eltern sehr bewusst ihre ganze Gesprächshaltung umstellen. Vielleicht hilft es, sich klarzumachen, was die Ausfragerei für eine Haltung an den Tag legt: Ich will alles von dir wissen und ich erzähle nichts von mir. So entwickeln sich Gespräche eben nicht.

Eltern sollten aufhören, Fragen zu stellen. Bei diesem Satz reagieren viele empört: »Dann erfahre ich ja gar nichts mehr!« Kommt auf einen Versuch an, könnte man einwenden. Es gibt mehr als Fragen. Denn was bringt die Fragerei? Mit etwas Glück erfahre ich etwas über das Schulessen und bekomme eine vage Auskunft über Hausaufgaben und Lernstoff. Aber mehr auch nicht. Interessiert mich das wirklich? Eigentlich will ich wissen, worum sich das Leben meines heranwachsenden Sohnes, meiner Tochter gerade dreht. Wie viel chill und easy, wie viel krass und voll ist wo gerade drin? Ist Schule anstrengend oder langweilig oder im Moment einfach komplett zweitrangig, weil Fußball oder Freundschaften, Verliebt- oder Nichtverliebtsein viel wichtiger sind: Wer bin ich eigentlich und wer will ich sein?

Wenn sich Eltern gern mehr mit ihren Kindern über mehr als Routinen austauschen wollen, sind Fragen der Holzweg. Stattdessen können sie von sich erzählen, von Dingen, die ihnen durch den Kopf gehen, die ihnen wichtig sind, die ihr alltägliches Leben irgendwie ausmachen, wie für sie der heutige Tag war, was schiefgelaufen ist, was Spaß gemacht hat. So etwas erzählt man gern seinem Partner, seiner Partnerin, zeugt aber auch von einer guten Haltung gegenüber Kindern und Jugendlichen. Natürlich gibt es keinen Soforteffekt. Eltern müssen dranbleiben, es braucht zwei bis drei Wochen Vorleistung. Jugendliche haben ein berechtigtes Misstrauen: »Erst mal abwarten. Meint meine Mama das jetzt ernst?« »Hat sich bei meinem Papa wirklich was verändert?« Je nachdem, wie lang die Ausfragetaktik schon gewirkt hat, dauert es ein bisschen, bis andere Gespräche möglich werden.

Wer hat mein Glas in die Tischmitte geschoben?
»Ich!« Über einen neuen Mut zur Macke

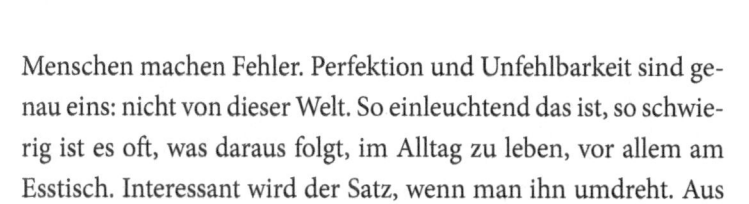

Menschen machen Fehler. Perfektion und Unfehlbarkeit sind genau eins: nicht von dieser Welt. So einleuchtend das ist, so schwierig ist es oft, was daraus folgt, im Alltag zu leben, vor allem am Esstisch. Interessant wird der Satz, wenn man ihn umdreht. Aus *Menschen machen Fehler* wird dann *Fehler machen Menschen*.

Gerade am Tisch gehen wir oft räudig mit unseren eigenen Schwächen um. Wir vertuschen und vergraben sie, machen andere dafür verantwortlich oder verdammen uns selbst. Das ist jammerschade. Ich glaube, für Eltern birgt der Umgang mit den eigenen Unzulänglichkeiten am Familientisch ein großes Potenzial. Es ist eine Art Schlüssel-Esstisch-Qualifikation. Vielleicht beginnen wir mit einer kleinen Umbenennung, mit einem freundlicheren Blick auf die eigenen Schwächen. Statt Fehler könnten wir auch Macke, Fimmel oder Tick sagen. Eine Eigenheit, die sich eingeschlichen hat.

Trotzdem kann sich das verdammt unangenehm anfühlen. Nehmen wir etwa die Pass-auf-Macke. Das sind Eltern, die ständig Sorge haben, dass ein Glas umgestoßen wird, ein Ärmel im Essen hängt, etwas auf den Boden fällt. Hat man an so einem Tisch Durst, greift man manchmal ins Leere, weil das Glas unbemerkt immer schon in den Safe Space Richtung Tischmitte gerückt wurde. Lufthoheit hat hier die vorausschauende Vorsicht, ein Blick, der immer schon ahnt, was zu einem Missgeschick werden könnte. So eine Habtachtstellung dominiert schnell die Atmosphäre. An so einem Tisch wird jeder zum Tollpatsch.

Es gibt eine ganze Menge dieser klassischen Elternmacken. Kontrollmacken etwa (»Ich sehe genau, wie viele Brote du isst, ob das zu viel oder zu wenig ist«, »Das Stück Käse ist aber mächtig«, »Da brauch ich ja eine Lupe für das Bisschen, was du auf dem Teller hast«), Nachfragemacken (»Magst du nicht noch davon was? Wirklich nicht? Jetzt nimm doch ruhig was!«), Wiederholmacken (»Das schmeckt, das ist lecker, das mögen alle, das musst du nehmen ...«), Korrigiermacken (»Da hängt noch was an deinem Mundwinkel. Du bröselst. Steck dir doch nicht so viel auf einmal in den Mund.«), Aufspringmacken (Es fehlt was/fällt was um/klingelt an der Tür: »Ich springe!«) und viele mehr.

Die eigenen Macken werden aber oft kaschiert. »Nicht ich, Mama oder Papa, habe das Problem, ich kann ja auf mein Glas aufpassen. Du bist das mit dem Glas.« Der Gestus dahinter ist der einer Erziehungsnotwendigkeit: »Ich muss dir, liebes Kind, helfen, dass du dein Glas nicht umschüttest. Ich muss dir helfen, dass du das Glas nicht zu weit am Rand hinstellst, dass du lernst, dass das Glas in die Mitte gehört und dass man darauf aufpasst.« Ich muss meinem Kind beibringen, wie man sich ordentlich benimmt. Ich muss meinem Kind beibringen, wie es sich gut organisiert bei Tisch. Ich muss meinem Kind beibringen, nicht zu viel und nicht zu wenig zu nehmen. Ich muss belehren, erklären, ermahnen. Eltern geraten am Tisch unter Druck. »Ich muss ihnen das doch einbimsen, damit sie wissen, wie man sich ordentlich verhält. Die blamieren sich doch sonst woanders.« Der Esstisch wird zum Konzentrat von Erziehung. »Wann soll ich's denn auch sonst tun?«

An dieser Stelle will ich ein wenig ausholen. Denn die Frage, die dahintersteht, ist: Was erzieht wirklich? Eltern stecken da oft in einem Missverständnis fest. Gerade am Esstisch geraten sie schnell in eine Dauer-Erziehungs-Schleife, was sie ihren Kindern alles unbedingt fürs Leben mitgeben wollen. Sie stecken im Erklärbär-Modus fest. Da sind viele Benimmregeln dabei. Es geht um den offenen Mund, mit dem Kinder essen, das T-Shirt, an dem sie sich den Mund abwischen, den Kopf, den sie auf den Esstisch legen. Im Erziehen steckt das Wörtchen »ziehen« drin. Aber wer wird da eigentlich gezogen, von wem und wohin? Wenn Erwachsene und Eltern glauben, erzieherisch tätig sein zu müssen, ins Erklären, Ermahnen, Belehren kommen, verpufft, was sie sagen.

Benimmregeln gibt es auf der ganzen Welt, Generationen- und Kulturgrenzen überschreitend und dabei – kleiner Hinweis auf die doch überraschend begrenzte Gültigkeit – immer anders. Was die Etikette genau verlangt, ist ganz unterschiedlich ausgeprägt, teils widersprechen sich einzelne Benimmregeln sogar. Und überall rufen sie auch Widerspruch hervor. Selbst Menschen, die sonst viel Wert auf Umgangsformen legen, entwickeln oft einen kleinen Benimmprotest. »Wo verstößt du gegen Regeln aus deiner Kindheit?«

Es ist eine lustige, oft überraschende, teils schmerzhafte Sammlung, die kleine, verräterische Geschichten anstupst. Die Oma erzählt dann zum Beispiel vom weichen Ei, das sie als Kind nie aufs Butterbrot verteilen durfte, weil das so eine riesige Sauerei machte. »Lieber ein Bissen Brot, dann ein Löffel Ei, schön abwechselnd, so bleibt alles sauber.« Und wie sie es heute genießt, dass sie es sich als Rentnerin erlaubt: »Lieber voll aufs Brot, schön verteilen und ja, immer eine Riesensauerei.« Die Schwiegermutter erzählt von der Lust, die sie hat, wenn sie das Messer abschleckt, manchmal streift sie es mit dem Finger ab, manchmal nimmt sie das Messer direkt in den Mund. »Das hätte es zu Hause nie gegeben.« Der Vater stellt gern beim Frühstück die Füße auf die Stuhlquerstrebe des Nachbarn, »Bauchdecke entlasten«, und bei der Mutter, die als Kind oft noch den Teller leer essen musste, koste es, was es wolle, vergeht kein Essen, bei dem sie nicht darauf hinweist, dass nichts aufgegessen werden müsse. Gern auch, wenn Freunde der Kinder da sind. »Wer satt ist oder keine Lust mehr hat, der lässt es einfach.« »Es muss niemand aufessen.« »Wirklich, lasst liegen, was ihr nicht essen wollt.« Sie weist so oft drauf hin, dass die eigenen Kinder ihren Freunden schon mal zuraunen: »Aber ihr *dürft* aufessen, wenn ihr wollt ...«

Tee schlürfen, Teller abschlecken, den Restsalat direkt aus der Schüssel essen – wahrscheinlich hat jeder so einen kleinen Benimmprotest: »Durfte ich als Kind nicht, meine Eltern waren da eisern, genieße ich heute.« Es wäre eine lustige Rubrik im Freund:innenbuch, neben »Diese Superkraft hätte ich gern«, »Lieblingsvorspeise« und »Mit dir kann man echt gut ...«, dann zum Beispiel: »Werde ich, falls ich mal selbst Kinder haben werde, nie verbieten«, oder – im Freund:innenbuch für Erwachsene: »Habe ich als Kind nie gedurft und mache ich heute extra so.« Und auch wenn es eine Rubrik ist, die sich auf alle Erfahrungsbereiche des Lebens bezieht, in den allermeisten Büchern – bin ich mir sicher – wird da etwas drinstehen, das sich um den Esstisch dreht.

Das Problem des Erziehens am Esstisch: Es funktioniert nicht. Die ganze Tut-man-nicht-Litanei? Erzieht einfach überhaupt nicht. »So geht es richtig« heißt ja immer auch »So wie du es machst, ist es falsch«. Gemein daran: Beim Kind kommt es in erster Linie in genau dieser Bedeutung an. Als Kritik. Und ein Kind gibt seinem Vater und seiner Mutter immer die volle Definitionsmacht. Wenn Kinder ständig diesem Rumkorrigieren ausgesetzt sind, bekommen sie die Botschaft: Ich bin nicht in Ordnung, ich bin falsch, ich bin verkehrt. Das kränkt und beschädigt das Kind. Wer sich falsch fühlt, kann sich auch nicht richtig verhalten. Denn beim Kind bleibt es ja nicht bei der Aussage: »Ah, ich bin jetzt gerade ungeschickt oder nicht aufmerksam.« Das wird immer übersetzt in: »Ich sollte anders sein«, »Ich genüge nicht.« Das ist immer eine Kelle voll in den großen Topf von »Passt irgendwie nicht«. Und das bleibt in den Eingeweiden. Ein Kind, das vielleicht wirklich nicht so orientiert ist, lernt das nicht durch Ermahnung und Belehrung. Da müssen tatsächlich ein paar Gläser umfallen. Das muss erlebt werden.

Vielen Eltern ist, fürchte ich, überhaupt nicht bewusst, dass sie da oft als steter Tropfen mit am Tisch sitzen und wortwörtlich etwas im Kind aushöhlen. Etwas, was ich gern ihre Basis nennen würde. Etwas, was wie ein Resonanzboden funktioniert: Er gibt Rückmeldung für Wohl- oder Unwohlsein, wächst mit dem Kind und entwickelt sich: Wie bin ich? Was will ich und was nicht? Wie fühlt sich das gerade für mich an und wie kann ich dem Ausdruck verleihen? Fragen, die für ein gutes Zusammenleben mit anderen zentral sind.

»Dürfen Erwachsene denn gar nichts sagen«, werde ich dann oft in Beratungen gefragt. Natürlich gibt es am Esstisch Reaktionen, Zustimmung oder Widerstand, anders geht es ja nicht. Aber es ist ein großer Unterschied, ob ich wegen mir und meinen angespannten Nerven das Glas weg vom Tischrand schiebe oder ob ich das tun muss, bevor du es garantiert umkippst. Dem Ganzen liegt ein einfaches, aber folgenreiches Missverständnis zugrunde. Letztlich geht es dabei um nicht weniger als unser Menschenbild. Darum nämlich, was für eine Idee wir von einem Kind haben. Es ist eben kein unfertiges Wesen, kein Rohling, der geschliffen werden muss, kein Gefäß, das Eltern mit den richtigen Dingen anfüllen müssen.

Eltern können sich und ihren Kindern einen großen Gefallen tun und diese Dauerschleife einfach beenden. Am Esstisch, dieser wertvollen, dem Alltag mühsam abgetrotzten Zeit, sollte kein Platz sein für Erziehung, für Gefäßefüllen, für Rohlingschleifen. Wer in eine Blüte was reinsteckt, der macht sie kaputt! Am Esstisch soll es darum gehen, sich für den anderen zu interessieren, sich selbst zu zeigen.

In dem Wort Gelassenheit, etwas, das die allermeisten Eltern heute als absoluten Wert anerkennen, steckt in der Mitte der Ausdruck »lassen«. Eltern können dem Gegenüber in einem von ihnen gehaltenen Rahmen in Ruhe die Essenserfahrungen machen lassen. Dazu gehört auch Geduld und der ein oder andere umgestoßene Saftbecher. Zu wachsen, sich im eigenen Tempo zu entwickeln, braucht Zeit und verläuft bei jedem Menschen anders. Das ist das, was Erwachsene Kindern anbieten können, damit sie sich sicher fühlen: »Es ist in Ordnung. Ich werde jetzt nicht beobachtet bei jedem Bissen, den ich in den Mund stecke, bei jedem Tellerkratzen.« Gelassenheit ist eine Zutat, in deren Genuss die Erwachsenen als Kinder eher nicht kamen. Es wird für Eltern oft zur Herausforderung.

Was erzieht wirklich? Kurzgefasst: das Erleben. Erziehen passiert dadurch, dass Kinder uns Erwachsene erleben. Wie wir sie ansprechen, wie wir sie berühren, wie wir sie anschauen – das dringt durch die Poren ein. Ob wir mit ihnen ruppig umgehen oder freundlich respektvoll und wie unterschiedlich das ist von Tag zu Tag, je nachdem, wie wir Eltern gerade drauf sind, das spüren Kinder mit allen Rezeptoren. Wie ruhig oder angespannt wir sind, wie klar oder unsicher, wann wir ehrlich sind oder wann wir so tun als ob. Wie wir mit ihren Geschwistern umgehen, wie wir miteinander umgehen, ob wir reden oder nicht, uns anfassen oder nicht. Wie wir zur Tür rausgehen, uns begrüßen, wie wir mit den

Nachbarn, der Postbotin, der Verkäuferin an der Käsetheke sprechen. Das ist nichts, was über das Gehirn oder übers Verstehen passiert. Das gesamte Leben saugen Kinder auf wie ein Schwamm. Und das erzieht.

Als Elternteil muss ich anerkennen, dass auch meine inkonsequenten Seiten Wirkung haben, meine unpräsentablen, meine eigenen Baustellen, also die Stellen, von denen ich denke, so sollte ich eigentlich gar nicht sein, da bin ich kein gutes Vorbild. Und wenn ich beim Essen mit der Familie zusammensitze und der Idee Erziehen durch Erklärung widerstehe, vertraue ich darauf, dass auf die Kinder wirkt, wie ich mich beim Essen benehme und wie ich mit den anderen beim Essen umgehe.

Das ist natürlich kein Sprechverbot. Es klopft eher das, was Eltern am Tisch sagen, auf Tonlage und Motivation ab. Sage ich, was mir auffällt, zugewandt, freundlich, fragend, wahrnehmend? »Es sieht so aus, als ob du einen ganz schön großen Hunger hast, so schnell, wie du isst? Ist das so?« Das ist etwas ganz anderes als »Man schaufelt hier nicht!«. Das eine ist eine Rückmeldung oder Wahrnehmung des Elternteils. Das andere ist ein Bloßstellen, Abkanzeln: So geht es hier nicht zu. Du musst es besser machen. Du genügst noch nicht. Du passt nicht dazu. Du musst dich mehr anstrengen.

Das Erste ist sicherlich, dass man sich seiner eigenen Korrigier-Ticks und Marotten bewusst wird. Wo bin ich unentspannt? Wo reagiere ich über? Wo werde ich nerdig? »Bitte stell mir zuliebe deinen Becher weg vom Rand. Danke.« Wenn die Mutter an dem Tag nervös ist, dann greift sie halt immer wieder an den Becher, aber nicht als Kritik gegenüber Sohn oder Tochter, sondern wegen ihrer Nerven. Wenn ich als Mutter oder Vater erkannt habe, dass ich mich gern mehr zurückhalten würde und dem Kind nicht ständig was hin- oder wegschieben würde, auch wenn es mir schwerfällt, dann kann ich genau das thematisieren: »Ich will das gern abstellen, aber ich schaff's noch nicht. Das ist meine Macke.«

Von Erwachsenen habe ich oft gehört, dass sie sich von ihren eigenen Eltern so ein Bekennen zu ihren Marotten so gewünscht hätten, dass sie das zu sich genommen hätten. Denn dieser Turnaround sorgt beim Kind für wirkliche Erleichterung: »Nicht ich bin falsch, sondern das ist halt nur der Tick von meinem Papa, puh!« Als Erwachsener habe ich damit auch die Chance, mich ein bisschen nachzuentwickeln. Die Selbstverurteilung, die viele kennen, die Strenge und Rigorosität im Umgang mit sich selbst wird aufgeweicht. Natürlich ist der Mut zur Macke kein Freifahrtschein, aber es ist eben doch auch ein liebevollerer Blick auf sich selbst. Wir kämpfen alle! Schwäche macht Freunde. Manchmal ist die Selbstwahrnehmung nicht so ausgebildet, dazu kommt vielleicht der Stress beim Essen, dann fällt es vielleicht dem Partner eher auf, was für Macken jemand entwickelt hat. Da geht es dann sehr stark um das Timing. Wer das anspricht im Moment der Macke, vielleicht auch noch in dem Tonfall »Immer musst du ...«, dem ist garantiert, dass dies beim anderen als Kritik und Zurechtweisung ankommt.

Ich empfehle: Impulskontrolle und das Gespräch abseits des Tischs, abseits der aktuellen Situation, suchen: »Das ist mir aufgefallen. Hast du es bemerkt? Ich glaube, an der Stelle hast du vielleicht einen blinden Fleck? Ich weiß es nicht. Wie erlebst du dich denn da selbst? Magst du das von mir hören? Kann ich da was sagen?« Das ist sicherlich immer auch eine Frage von Ton und Stimmung, vor allem aber eine Frage, worum es einem dabei geht. Ist es Rivalität, ist es ein »Wer ist hier das bessere Elternteil?«, oder will ich tatsächlich erfahren, was dem anderen wichtig ist? Dieser andere ist schließlich der Mensch, den ich als Vater oder Mutter für mein Kind oder meine Kinder ausgesucht habe. Interessant, wie er oder sie die Sache sieht, oder?

Eltern müssen nicht am gleichen Strang ziehen oder ihren Kindern im Schulterschluss begegnen. Das Gegenteil ist richtig: Kinder profitieren von der Unterschiedlichkeit der Eltern, solange Haltung und Zugewandtheit stimmen. Es ist wertvoll, wenn Kinder mitkriegen, wie Erwachsene sich darüber austauschen und danach suchen: Was passt für dich? Was passt für mich? Und wie sie aushandeln und vielleicht auch Lust bekommen, es mal so oder anders zu probieren, und keine Regeln aus Beton gießen. So wird es für Kinder leichter, sich daran zu orientieren.

Ein Beispiel ist das gemeinsame Beginnen beim Essen. Das kann ich als Tischmanieren verkaufen: Tut-man-so-ist-so-Widerspruch-zwecklos-alles-andere-ist-mieses-Benehmen. Oder ich kann sagen: »Ich wünsch mir das. Das war mir immer wichtig, egal wo ich war. Ich kriege da sonst den Eindruck, dass wir jemanden abhängen. Es bedeutet mir was, dass ich auf euch gucke, und ich wünsche mir auch, dass ihr aufeinander guckt. Kriege ich das von euch?« Das schafft eine komplett andere Stimmung. Und dann heißt es vielleicht beim Achtjährigen: »Mama ist es wichtig, dass ich warte, bis alle was auf dem Teller haben. Und manchmal habe ich keine Lust, ihr das recht zu machen. Aber meistens ist es okay. Ich finde es nicht so wichtig. Ich könnte auch gleich anfangen. Aber wenn es ihr wichtig ist, kann ich das machen.« Und dann heißt es vielleicht bei der Vierjährigen: »Sitzenbleiben? Geht nicht. Ich bin doch schon fertig.« Alle bleiben am Tisch, bis alle fertig sind: Das kann schon mal die Stimmung verhageln.

Bei so einem Spleen wie der »Pass-auf-Macke«, wenn einer mit seiner Habtachthaltung in die Familie eine ständige Angst und Unruhe reinbringt, könnte ein Bekenntnis helfen: »Ja, mir ist das an mir selbst auch aufgefallen. Ich bin da schlecht drin. Und ich habe das auch schon probiert abzustellen. Mir gelingt es derzeit nicht. Könnt ihr eine Zeit lang damit leben? Es wäre mir eine große Hilfe.« Das ist dann der Wunsch des Elternteils, seine Empfindlichkeit: Er liefert die Gebrauchsanweisung für sich selbst. Und in der Familie kann ich davon ausgehen, dass sich die anderen, so gut es ihnen möglich ist, danach richten und auf mich Rücksicht nehmen. Aber noch mal: So gut es ihnen möglich ist. Und wie wertvoll, wenn die Kinder sich meiner Macke, meiner Empfindlichkeit nicht unterwerfen, sondern schauen, wie viel für sie gerade machbar ist und was sie mir auch zumuten wollen. Dann sind wir in einem Austausch, bei dem jeder voneinander weiß.

Die Macke bleibt wahrscheinlich trotzdem lästig. Für die anderen, aber auch für mich selbst. Und die Selbsterkenntnis ist kein Rezept, das vor Konflikten schützt, keine Anleitung zum friedlichen Essen. Konflikte gibt es dennoch. Aber es ist ein Weg, der eine Grundlage schafft, mit Konflikten und unseren Eigenheiten gewinnbringend umgehen zu können. Und wenn mal Besuch da ist und eins der Kinder sagt: »Wunder dich nicht, wenn dein Glas irgendwo anders steht. So ist meine Mutter.« Dann ist es angekommen.

Diesen Prozess in Gang zu setzen, erfordert tatsächlich Mut. Denn es ist mutig, sich nicht hinter guten Manieren, einem Erziehungsauftrag, oder besser einem vermeintlichen Erziehungsauftrag, zu verstecken, sondern sich selbst sichtbar zu machen – gerade mit den nicht ganz so vorzeigbaren Anteilen. Der Mut zur Macke zeigt, dass es nicht um ein Man-macht-das-so geht, sondern um Ich-kann-im-Moment-nicht-anders. Und jeder hat Macken und Launen, Marotten und Ticks, Fimmel und Spleens. Die einzigen normalen Menschen sind die, die man nicht so gut kennt.

Darf man Teller an die Wand schmeißen?
Es macht auf jeden Fall Eindruck.
Über Zoff am Familientisch

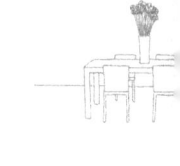

»Da musst du dich jetzt einfach mal zusammenreißen!« Ein Satz, den Kinder oft zu hören bekommen, Jugendliche noch öfter. Ein Satz, der aber auch ganz gut den Anspruch von Eltern einfängt: Von Zähnen bis Arschbacken wird alles zusammengebissen und -gekniffen, bis es nicht mehr geht. »Einfach mal zusammenreißen« ist in seiner buchstäblichen Widersprüchlichkeit auch schon mal ein ganz guter erster Hinweis auf das Himmelfahrtskommandohafte von Familienturbulenzen: Zusammenreißen also, ganz langsam – wie genau soll das noch mal gehen? Also Schritt für Schritt, zusammenreißen? Und später dann wieder auseinander-kleben, oder wie?

Der Esstisch ist eine besondere Arena. Auf der einen Seite ist da diese riesige Sehnsucht nach Harmonie, nach Einigkeit, nach einem friedlichen, gemeinsamen Essen: »So schön, dass wir alle zusammen sind!« Auf der anderen Seite ist er knüppelharte Routine. Er ist Alltag, schnöde, repetitiv, provozierend langweilig. Dieses Grundsetting bestimmt den Esstisch irgendwo zwischen Halligalli-Ruderbootausflug und blutigem Boxring. In der Familie kommt alles auf den Tisch. Und wenn es nicht auf den Tisch kommt, dann passiert es unterm Tisch. Das Besondere: Man kommt nicht so schnell raus, egal ob Boot oder Boxring. Alle sind ein bisschen gefangen. Manchmal benutzen Eltern das, machen Ansagen oder halten Predigten: »Übrigens, was euch hier alle angeht ...« Aber auch Kinder kriegen ihre Eltern nicht so oft zu greifen, sodass das Abendessen der Platz ist, wo sie sich für die Eltern bemerk- und sichtbar machen können: Wie geht's mir eigentlich? Wer hier was sagt oder tut, erreicht damit alle.

Der Tisch ist auch ein guter Ort für Streit. Denn so sehr er einen Rahmen bietet, der einen ein Stück weit festtackert, so sehr bietet er gleichzeitig oft auch Ausweg oder Schutz. In einem Streit ist es oft schwierig, sich auf etwas anderes zu beziehen als auf das Gegenüber, mit dem man gerade über Kreuz liegt. Das kennen Alleinerziehende mit einem Kind wahrscheinlich am besten. Aber am Esstisch gibt es immer auch etwas zu tun. Man kann sich nachnehmen, was trinken, nach der Butter fragen. Der Tisch als Arena macht es einfacher, aus dieser Vereinnahmung, dieser Fokussierung auf Streit pur rauszukommen. Im besten Fall ohne ein gezwungenes Wegwischen im Stil von »Jetzt ist es aber auch mal wieder gut!«. Das gilt besonders bei größeren Familien. Der Tisch bietet die Möglichkeit, dass ein Streit nicht bis zum Letzten ausgekämpft werden muss, er dann in all das fällt, was sonst noch am Tisch alles los ist. Der Streit kann sich verdünnen – bis er sich vielleicht auch verdünnisiert. Wenn nicht, dann ist es eben ein Essen mit Streit. Gibt es. Wird es immer geben.

»Obacht«, zischt der Neunjährige in Richtung seiner Schwester, den Kopf schon tief zwischen die Schultern geduckt. »Mama hat das schlechte Geschirr gedeckt. Es könnte wild werden ...« Das ist natürlich Unsinn. Die Frage nach zerdepperten Tellern an der Wand ist ja keine von Planung oder Erlaubnis. Niemand nimmt sich vor auszuflippen, niemand deckt vorsorglich das Polterabendgeschirr auf: »Ich fühle eine leichte Wut aufkommen, könnte sein, dass ich später ...« Eltern wachen mit der Idee auf, heute die Mutter oder der Vater zu sein, die oder der sie sein wollen. Und anderthalb Stunden später kommen Sätze aus ihrem Mund, die sie nie sagen wollten.

Vorweg: Ich bin heilfroh, dass wir das Verbot der Prügelstrafe haben, dass wir gesetzlich festgelegt haben, physische und psychische Schädigung von Kindern fernzuhalten. Familien, in denen das passiert, brauchen Hilfe. Und zwar Eltern und Kinder und schnellstmöglich. Es war notwendig, dass dieser Rahmen gesteckt wurde, und zwar vor gar nicht so langer Zeit, strafbar erst seit dem Jahr 2000. Aber klar ist auch, dass sich die Erziehung der vorigen Generationen nicht so einfach abstreifen lässt wie ein altes Kleidungsstück. Heftige Altlasten wie harte Bestrafungen konnten die meisten Eltern und Fachleute entsorgen. Wir alle haben aber weiterhin unsere blinden Flecken und die Momente, in denen der Autopilot mit der alten Programmierung übernimmt, in denen dieser vorgegebene Rahmen in Familien immer wieder überschritten wird.

Niemand plant auf den Tisch zu hauen. Natürlich auch kein Erwachsener. Das ist eine spontane Mini-Eruption. Etwas, worüber man vielleicht selbst erschrickt: »Huch, was habe ich denn jetzt gemacht?« Und im besten Fall denkt man einen Moment später: »Ah ja, stimmt, es ist gerade nicht erträglich für mich. Ich will es gerade nicht mehr so haben.« Ein solcher Ausbruch ist ein körperliches, spontanes Stoppzeichen: »Ich bin jetzt einfach nur Wut am Stück.« Ohne diese Ausraster verherrlichen zu wollen – in dem Moment steht da einfach die Person, die nicht mehr das Image pflegt, die nicht mehr irgendwas auszuhalten versucht, sich zusammenreißt, sondern die einfach sagt: Jetzt bin ich an dem Punkt, an dem es Peng macht. Und da fliegt ein Teller, oder da knall ich die Faust auf den Tisch, mache ich einen Brüller oder schütte den Salat um.

Natürlich ist es gut, so etwas nachzubesprechen. Eltern können thematisieren, dass sie sich an der Stelle nicht im Griff hatten. Es ist das Gegenstück zum Sich-Verbieten oder dazu, das Peng ungeschehen machen zu wollen, das immer auch eine gewisse Sprachlosigkeit mit sich bringt. Damit sind Erwachsene ein gutes Vorbild dafür, Kindern zu erlauben, ihre eigene Wut kennenzulernen und einen Umgang mit ihr zu lernen. Lernen dürfen heißt, es nicht schon können zu müssen. Also nicht: »So darfst du nicht sein. Schluss. Aus.« Sondern ein Suchen nach passenden Worten dafür: »Da warst du so wütend und hast den Teller auf den Boden geknallt. Das war das Einzige, was du in dem Moment machen konntest? Da bist du vielleicht selbst ein wenig erschrocken?« Wie Eltern mit ihrer eigenen Wut, aber auch wie sie mit der Wut der Kinder umgehen, hat einen großen Einfluss auf die nächste Eskalation. Wenn ich nicht verurteilt und ausgegrenzt werde, kann ich neue Wege probieren, mit meinen heftigen Gefühlen umzugehen.

Nicht wenige Eltern erschrecken vor sich selbst. Da tauchen Seiten in einem auf, die man überhaupt nicht will und nicht gekannt hat, bevor man Kinder hatte. Wenn ein Paar Eltern wird, dann hat ihnen vorher niemand gesagt, was für eine Gefühlsbandbreite da auf sie zurollen wird. Man denkt: nachts aufstehen, Rhythmus finden, bisschen Gulli-gulli-ramsamsam-Irrsinn, Familie eben – und dann zieht da plötzlich diese enorme Verletzlichkeit mit ein, die man sich davor nicht hat vorstellen können, ein ungeahntes Level an Angreifbarkeit, die offene Flanke. Diese Angst um den kleinen Menschen, die eine vollkommen neue Sphäre öffnet, die um vieles größer ist als die Angst um sich selbst. Warum sagt einem das niemand vorher?

Kinder sind diejenigen, die in einem die breiteste Gefühlspalette wachrufen. Das bedeutet, Familie ist der beste Ort für Persönlichkeitsentwicklung, sich zu strecken, mit den Kindern zu wachsen. Und der Familientisch ist der Motorraum dieser Entwicklung.

Dazu gehört auch Hilflosigkeit. Zum Beispiel die, mit der Eltern an ihre eigenen Grenzen stoßen, Grenzen, von deren Existenz sie zuvor überhaupt keine Ahnung hatten. Um eine Grenze wirklich kennenzulernen, muss man ja immer bereits darüber hinaus sein. Man kann sie eigentlich nur im Nachhinein ziehen. Erst wenn man sie überschritten hat, kann man sagen: »Das war sie, meine Grenze.« Vorher war sie nicht spürbar, nicht wahrnehmbar, nicht bewusst.

So wie beim Fitnesstraining auf einmal Muskeln schmerzen, deren bloße Existenz einem bisher unbekannt war, ist es mit dem Dehnen und Strecken des eigenen Handlungs- und Gefühlsraums. Ja, das tut manchmal weh. Und hinterher kommt der Muskelkater. Die gute Nachricht: Man kann es trainieren. Man kann sich kennenlernen. Und dann wird man vielleicht immer weniger Opfer seiner sehr impulsiven Reaktionen. Menschen wachsen in das Elternsein hinein. Im Konflikt schließen sie vielleicht die Augen, atmen, zählen bis zehn – was auch immer. Manchmal hilft so was schon, um über eine Anspannung hinwegzukommen, nicht alles aus dem Mund fallen zu lassen und wieder in ruhigeres Fahrwasser zu kommen. Und ein anderes Mal zählt man genauso, merkt mittendrin plötzlich, dass man rückwärts zählt. Keine Erleichterung, kein ruhigeres Fahrwasser, dann ist es einfach ein Countdown für die große Explosion. Eltern müssen sich auch an ihren unangenehmen Randbereichen beobachten. Wo hängt meine Reißleine? Was hilft mir bei der Impulskontrolle? Was hindert mich, früher zu merken, dass es mir gerade zu viel wird, wo ist mein Sensor für die eigene Grenze?

Das Aufwachsen der Eltern hat einen enormen Einfluss darauf, wie sie mit diesen eigenen Grenzen umgehen. Das Familienideal vorangegangener Generationen war, keine eigenen Grenzen zu kennen oder zu haben. Es ging darum, sich selbst zurückzunehmen, keine Umstände zu machen, sich einzufügen. Kinder hatten die gesamte Kindheit Zeit, sich genau das abzuschauen: Wie ignoriere ich das, was ich eigentlich will? Und wie ertrage ich, was ich eigentlich nicht will? Kindern wurde abgesprochen, so etwas wie Grenzen überhaupt zu haben. Daher kommt auch der unselige Erziehungsspruch »Kinder brauchen Grenzen«. Das ist Quatsch. Kinder haben Grenzen. Und sie brauchen ein Zusammenleben mit Menschen, die wiederum ihre eigenen Grenzen kennen und die der Kinder wahrnehmen. Die ehrlich sagen: »Das will ich nicht.« Oder: »Ich will jetzt eine halbe Stunde allein sein, damit ich später wieder gut da sein kann.« Und ja, das sorgt vielleicht in dem Moment für ein ungutes Gefühl. Wenn eine Grenze beim Gegenüber auftaucht, dann ist da schnell Unverständnis beim Dreijährigen: »Wie bitte, du willst lieber allein sein, als mit mir zu spielen?«, oder Frustration beim Achtjährigen: »Manno, du machst ja nie was mit mir.« Dass Kinder für ihre Entwicklung jemanden bräuchten, der ihnen Grenzen setzt, quasi um sie herum, ist falsch.

Es ist tatsächlich ein Quantensprung, wenn Erwachsene offen damit umgehen, was sie wollen und können und was nicht. »Ich werde ungeduldig, es geht bei mir grad die Stimmung hoch, ich brauch ne Pause.« Das bedeutet für die Kinder: Es kommt Licht in die Blackbox Eltern, das Augenrunzeln, Tiefeinatmen, das Seufzen oder das Gepresstsprechen. Das Rätselraten hat ein Ende. Das heißt noch lange nicht, dass man – egal ob Erwachsener oder Kind – alles bekommt, was man will, auch wenn man es ausspricht. Aber zumindest wissen die anderen dann, wer und wie ich gerade bin.

Konflikte, Streit und Zoff gehören zum Familientisch. Es geht nicht ohne. Es gibt Familien, die sind laut, lauter als andere. Da wird gebrüllt, da knallen schon mal Türen, da gibt es richtig Zoff.

Andere Familien streiten leiser. Die haben auch ihre Konflikte, arbeiten sie aber ruhiger ab. Die Tonlage gehört mit zur Familienkultur. Wann bringt was wie wen in Rage? Da hat jede Familie ihr ganz eigenes Profil. Und dann gibt es Beziehungen, Paare, Familien, die das Streiten mehr oder weniger bewusst komplett vermeiden. Das halte ich für extrem ungesund. Ohne Konflikte lerne ich die anderen nicht kennen. Ich bleibe immer auf Distanz, brauche einen Sicherheitsabstand. Das ist nur das halbe Leben, Nähe ist dann lediglich bedingt möglich. Und vermeiden heißt: Da ist etwas, das vielleicht unberechenbar ist oder gefährlich, wie ein alter Sprengsatz, der keine Erschütterung verträgt.

Zum Streit gehören Emotionen. Zu einem Streit gehört auch, dass man über die Grenzen des anderen geht, manchmal auch trampelt. Ohne geht es nicht. Die Idee, es gäbe ein richtiges, kultiviertes Streiten in der Familie, einen Zoff nach Tagesordnung, eine schonende, behutsame Reiberei, ist Unsinn. Als Anspruch schafft eine solche gesittete Streitkultur Druck. In der Realität – wenn es überhaupt gelingen sollte – verdirbt sie den Streiteffekt. Und genau den gilt es eben auch kennenzulernen. Das eigene Überschwappen, dieses Sich-selbst-Vergessen, Sachen sagen, ohne sich zu scheren, Sachen, die man vielleicht später bereut. Kinder untereinander raufen dann oft. Auch da wird sichtbar und spürbar, was mit einem gerade alles los ist. Eltern können helfen, die Wunden zu versorgen. Blaue Flecken und Kränkungen. Wunden versorgen ist etwas anderes als Partei ergreifen. Im Streit hören die Kontrahenten innerhalb kürzester Zeit, was sie sonst nicht voneinander erfahren würden. Hinterher weiß ich mehr über mich und ich habe dem anderen das, was mir wichtig ist, in Großbuchstaben mitgeteilt. Je nach Streitlevel braucht es unterschiedlich lang, bis das durchkommt. Aber es ist ganz klar: Menschen, die miteinander streiten, kennen sich besser. Da poltert einem was aus dem Mund heraus:

»Du schneidest mir ständig das Wort ab, das geht mir seit Langem gehörig auf den Wecker.« »Mir reicht's jetzt, hör auf, mir permanent zu sagen, was ich zu tun habe!« »Du behandelst mich wie deinen Hiwi so derartig von oben herab, ich hab's so was von satt.«

Und dann eine halbe Stunde später oder am nächsten Tag kommt beim anderen, der sich erst mal nur angeschrien gefühlt hat, vielleicht das Interesse: »Unterbreche ich dich ständig? Rede ich wirklich so?« »Ich merke gar nicht, dass ich dir das alles sage.« »Es tut mir leid. Du bist für mich kein Hiwi. Wenn ich im Stress bin, rutscht mir das alles einfach so raus.« Dieses Interesse und Eingeständnis kann manchmal nachschwappen. Wenn sich Erwachsene untereinander und auch gegenüber ihren Kindern so verhalten, bekommen die Kinder Möglichkeiten vorgelebt, wie es nach Ärger, Kränkungen und üblen Anklagen gehen kann, wieder miteinander zu sprechen.

Das Besondere an Familie: An einem Tag fliegen die Fetzen, am nächsten sitzt man wieder zusammen beim Brettspiel. Geschwister haben so viel zusammen, Freunde, Hubba-Bubba, Magen-Darm. Sie prügeln, verpetzen, seifen sich gegenseitig ein. In der Badewanne den Rücken mit Schaum, im Winter das Gesicht mit Schnee – bis einer heult. Das macht es unglaublich wertvoll. Geschwister wissen viel voneinander: Wo der andere stärker ist, die geheimen Schwachpunkte, vermintes Terrain. Immer zusammen und sei es, dass einer den anderen im Schwitzkasten hat. »Nothin' feels better than blood on blood«, singt Bruce Springsteen.

Geschwister haben miteinander die längste Beziehung im Leben. Vom Partner können wir uns trennen, zu Freunden den Kontakt verlieren, die Eltern sterben irgendwann. Aber Geschwister bleiben, lebenslang. Man kann nicht sagen: Das ist mein Ex-Bruder oder meine Ex-Schwester. Im Alter von drei bis fünf Jahren verbringen Geschwister durchschnittlich doppelt so viel Zeit miteinander wie mit der Mutter. Dabei leuchten sie die menschlichen Extreme aus. Im Schnitt alle zehn Minuten geraten Geschwister aneinander, zumindest im Alter zwischen zwei und vier Jahren. Keine Freundschaft hält so was aus. Geschwister wissen, wann sie sich aufeinander verlassen können und wo die No-go-Areas des anderen liegen. Niemandem ist man so ausgeliefert wie dem eigenen Bruder oder der eigenen Schwester. Niemand kann einen so schnell und nachhaltig aus der Fassung bringen. So sehr, dass die WHO dafür ein eigenes psychisches Krankheitsbild führt: »F93.3 emotionale Störung mit Geschwisterrivalität«.

Geschwister werfen sich alles Mögliche an den Kopf, manchmal auch wortwörtlich. Und wenn dann die Streichholzschachtel tatsächlich blöd das Auge trifft oder sich einer beim Wegrennen den Kopf anstößt und eine Platzwunde hat, ist es schlimm für beide. Auf der einen Seite ist der Schmerz der Verletzung und auf der anderen der Kummer. Dass sich jemand verletzt, will niemand, aber es lässt sich nicht vermeiden. Sicher ist, dass in den Momenten beide Kinder Versorgung und Zuwendung brauchen.

Wenn zwei Menschen in einem Raum sind, gibt es früher oder später eigentlich immer Konflikte. Weil Menschen nie genau gleich ticken. Konflikt heißt erst mal: Der eine will was anderes als der andere. Der eine will das Fenster aufhaben, der andere zu. Meine Grenze, deine Grenze. Dabei lerne ich mich und den anderen kennen. Wer zieht zurück? Wer beharrt? Die bekannten Pole sind sich durchsetzen und aufgeben, und dazwischen liegen unendlich viele Mischformen. Es ist einer der größten Fehlschlüsse im Zusammenleben zwischen Menschen, zwischen Erwachsenen und Kindern im Besonderen: den anderen für die eigenen Reaktionen verantwortlich zu machen. »Weil du ...« oder »Wegen dir ...«.

Mag sein, dass man im Eifer des Gefechts nicht immer das Gefühl hat, Herr oder Herrin der eigenen Emotionen zu sein. Und trotzdem: Niemand sonst ist dafür verantwortlich. Diese Reaktionen, ob laut oder leise, ob ich lache oder wettere, sind meine Reaktionen. Zu ihnen werde ich von meinen Kindern weder herausgefordert noch gezwungen. Und sie sind auch nicht da, weil die Kinder das so brauchen. »Meine Gefühle gehören mir«, sagte der deutsch-amerikanische Psychiater und Gestalttherapeut Fritz Perls. Vielleicht gibt es einen Auslöser, aber wie meine Reaktionen aussehen, wie groß meine Wut wird, das passiert in mir. Das offene Fenster ist für den einen eine Selbstverständlichkeit. Dann erlebt er den anderen, für den das gar nicht so ist ... »Ah, interessant.« Das wäre eigentlich eine wunderbare Grundhaltung für jeden Konflikt. »Ah, hier rutschen wir beide gerade rein in einen Streit: interessant.« Das gelingt in der Aufregung natürlich selten. Aber vielleicht hinterher?

Auf den Tisch hauen ist wunderbar direkt, ungeschminkt, beeindruckend, hat etwas Befreiendes, was Wunderbares. Vorausgesetzt, das dürfen alle am Tisch. Früher war das dem Vater vorbehalten, dann haben irgendwann die Mütter auch damit angefangen. Und jetzt, wenn die Kinder auf den Tisch hauen, heißt es: »Jetzt ist aber Schluss. Jetzt reicht's. So nicht!« Als ob eine rote Linie überschritten worden wäre. Unbewusst steht da möglicherweise ein veraltetes Credo dahinter, was ich darf, darfst du dir noch lang nicht erlauben. Schublade: bockig, kann sich nicht beherrschen, mieses Benehmen. »Du musst erst noch lernen, dich im Zaum zu halten.« Also all das, was viele Erwachsene nicht können – und selbst als Kinder zu hören bekamen.

Mit Konflikten wird insgesamt äußerst schäbig umgegangen. Viele Familien glauben, ihre Familie sei nur dann eine gute Familie, wenn sie konfliktarm ist. Das Gegenteil ist richtig. Da, wo ich mich wohl fühle, wo ich mich sicher fühle, da kann ich mich auseinandersetzen, da kann ich zeigen, was mir gerade wichtig ist. Im Grunde genommen sind die ganzen Auseinandersetzungen eine Auszeichnung für die Eltern: Dass das Kind mit der schlechten Stimmung da sein darf, dass es sie hier zeigen darf und kann, ist ein Vertrauensbeweis! Wenn sich Kinder trauen, lautstark zu protestieren und Jugendliche ihren Eltern auch die unangenehmen Rückmeldungen geben, zeugt das von einer stabilen Beziehung. »There is a crack in everything, that's how the light gets in«, singt Leonard Cohen. Kinder muten sich ihren Eltern nur dann derart zu, wenn sie sich sicher fühlen. Eltern sollten ihren Kindern und sich selbst die Chance geben, sich in Konflikten immer wieder neu zu üben. Davon gibt es Hunderte am Tag. Und die soll es geben.

Im sozialen Umgang mit Freunden und erst recht in der Schule bewegen sich Kinder in einem reduzierten Normlevel. Je nachdem, wie gut die Freundschaft ist, ist der Bereich mal größer, hält auch mal Ausschläge und Ausraster aus. In der Familie aber gehen die Ausschläge oft viel höher, und zwar in beide Richtungen, Richtung Zoff und Richtung Nähe. Diese andere Bandbreite ist unglaublich wertvoll für Kinder und für Eltern. Ich kann mich viel mehr kennenlernen in meiner Familie.

Dieses Pfund, mit dem Konflikte eigentlich wuchern dürften, ist Eltern oft nicht bewusst. Wenn es ihnen nicht gelingt, eine harmonische Stimmung am Esstisch herzustellen, fühlen sie sich ganz oft als nicht erfolgreiche Eltern. »Wenn wir nicht mal das schaffen, miteinander zu essen. Wenn wir nicht mal ne halbe Stunde miteinander am Tisch sitzen können – in Ruhe.« Die Kinder kriegen das oft als Vorhaltung hingeschoben. Zugleich kritisiert mich aber die innere Stimme als Mutter, als Vater. Die stellt mich infrage: »Warum sind wir nicht in der Lage, als Eltern einen Rahmen zu bieten, in dem wir schön miteinander essen können?«

Das ist dann ein Essen, das nicht im Guinnessbuch unserer harmonischsten Mahlzeiten aufgeführt wird. Das ist okay.

Wenn ich mit Eltern über streitende Kinder spreche, dann ist der erste Teil unverrückbar: Es geht immer darum, dass dieses Streiten, dieses Auseinandersetzen, diese Reibung, diese Konflikte, dieses Über-die-Grenzen-Gehen, dieses sich wieder Regulieren vor allem eins ist: absolut notwendig. Es gehört zum Leben, zum Entwickeln, zum Großwerden. Menschen lernen so: Wer bin ich? Wer bist du? Nur durch die Begegnung mit dem anderen – und da gehören grenzverletzende Begegnungen unbedingt mit dazu – kriegen Kinder mit: Wie funktioniert mein Leben? Wie funktioniert deins? Was mag ich? Was mag ich nicht? Wie kann ich mich wehren? Wo sind deine und meine Grenzen? Das alles kennenzulernen, geschieht zwischen Kindern und intensiv zwischen Geschwistern im täglichen Zusammenleben. Das Gegeneinander ist eine Form des Miteinanders.

Wenn allerdings eins der Kinder anhaltend unter den anderen leidet und keinen Weg findet, sich zu schützen, wenn die Auseinandersetzungen zunehmend aussichtslos und zerstörerisch werden oder wenn der Streit zwischen den Kindern zum Lückenfüller für die Leere in der Beziehung zwischen den Erwachsenen wird, rate ich Eltern, zusammen mit den Kindern über die aktuelle Stimmung in der Familie zu sprechen. Am besten fangen sie selbst damit an. Wie geht es uns Eltern, wie leben wir unsere Paarbeziehung und wie in der Familie? Wie beschreiben die Kinder die Atmosphäre? Wie erleben sie die Eltern, die Geschwister? Kinder zeigen den Eltern ihre blinden Flecken. Und manchmal brauchen die Erwachsenen dabei Unterstützung von außen.

Im zweiten Teil geht es dann darum, wie Eltern bei Kinderstreit für sich sorgen können. »Heute will ich, dass ihr aufhört damit. Wenn ihr weiter streiten wollt, dann macht das in eurem Zimmer. Ich will jetzt meine Ruhe.« Wichtig dabei ist: Wir sind keine schlechten Eltern, weil unsere Kinder so viel streiten. Genauso wenig: Wir haben unmögliche Kinder, weil die so viel streiten. Streiten an sich steht nicht infrage. Und trotzdem können Eltern dafür sorgen, dass es ihnen nicht zu viel wird. Sie zeigen sich mit ihrer Grenze, die sie sehr wohl den Kindern mitteilen können.

Früher war es nicht unüblich, streitende Kinder vom Esstisch wegzuschicken. Das ist eine wirklich schmerzhafte Ausgrenzung. In solchen Momenten, in denen Eltern ihre Macht ausnutzen, verliert immer die Beziehung. Sind die Kinder nicht mehr ganz klein, ab fünf oder sechs Jahren, kann ein Ausweg sein, selbst aufzustehen. »Könnt ihr mir bitte heute den Gefallen tun und nicht darüber streiten, wer gerade von euch recht hat?« Ich probiere es noch mal: »Ich meine es ernst. Ich bin heute müde. Ich will diesen Streit nicht hören.« Und es geht trotzdem weiter. Dann sage ich: »Dann esse ich heute nebenan.« Ich nehme mich ernst. Ich schicke nicht die Kinder weg, sondern zeige meine Grenze. Ich kümmere mich um mich. Und ich gehe woanders hin zum Essen.

Dabei entscheidet sich viel daran, wie Eltern den Tisch verlassen. Rauscht der Vater als Opfer ab? Schiebt er allen anderen die Schuld zu: »Ihr habt mich vertrieben.« Oder er sagt: »Mir ist es gerade zu turbulent am Tisch, für mich ist es heute zu laut.« Dann spricht er von sich, sagt, dass er vielleicht auch gerade ein bisschen Kopfweh hat oder an so viele andere Sachen denken muss. »Ich taug hier gerade nicht. Ich setze mich mal nach nebenan und esse für mich.«

Natürlich gelingt das selten. Es wird vorkommen, dass jemand aufsteht und die anderen anblafft: »Mit euch kann man heute ja überhaupt nicht am Tisch sitzen.« Je offener jemand seine Stimmung oder Laune auch in Friedenszeiten ausdrücken, ja fast ankündigen kann, desto weniger unerwartet, überraschend oder schockierend ist es für den Rest der Familie, wenn dann mal einer polternd den Tisch verlässt. »Ja, ich bin manchmal schon unmöglich und manchmal mute ich mich euch, meiner Familie, damit zu.« So ein Satz in ruhigen Zeiten kann Kinder vorbereiten, sie schützen: »Ah ja, da hat er gerade wieder seinen Flitz heute.« »Mann, ist Mama heute wieder drauf ...«

Das ist ein guter Selbstschutz für Kinder. Und er wirkt doppelt. Er gibt den Kindern in der Anblaffsituation selbst ein wenig Abstand. Er wirkt aber auch als Vorbild: »Ich darf schlecht gelaunt am Tisch sitzen.« Und zwar egal, ob als Drei- oder Dreizehnjährige. »Heute ist ein Scheißtag. Lasst mich einfach weitgehend in Ruhe. Mir geht's nicht gut. Hat nichts mit euch zu tun.« Oder: »Heute würde ich am liebsten nicht am Familientisch sitzen.« Auch das dürfen Erwachsene sagen – und sind damit ein großartiges Vorbild für das andere Ende der Glücklich-fühl-Skala. Dann wissen die anderen: »Okay, so ist er heute. Sturzhelm auf. Ich räume mal ganz schnell die Spülmaschine ein und dann bin ich hier weg.«

»Jetzt bin ich wieder lieb.« Das ist ein Satz, der mir wirklich weh tut. Heute wird er nur noch selten von Kindern eingefordert – und das ist ein großes Glück. Aber die Idee, dass es die Kinder wieder gutmachen müssen nach einem Streit, die ist immer noch sehr präsent. Sie halten es nicht aus, ausgestoßen zu sein oder die Bezugsperson zu verlieren. Für Erwachsene ist es dann verführerisch, einen Streit mit Kindern zuzukleistern: »Komm, Schwamm drüber. Lass uns wieder gut sein. Jetzt sind wir wieder Freunde.« Damit ist nichts geklärt. Der Erwachsene hat keinerlei Verantwortung übernommen.

Eltern müssen das Vorgefallene nach einem Streit auseinanderklamüsern. »Ich habe mich wieder beruhigt. Wie geht es dir?« Der Erwachsene trägt die Verantwortung für die Qualität des Miteinanders, und zwar für das gesamte Miteinander. Das heißt: Er muss sich um sich kümmern, um das Kind und darum, dass es ihm und dem Kind miteinander ausreichend gut geht. »Ich war vorhin laut und jetzt weiß ich nicht, wie es dir geht damit. Ich habe mich wieder beruhigt. Was ist bei dir nun los?« Dann gibt er dem Kind die Chance, Worte zu finden: »Ich habe ganz schön Angst gekriegt. Wenn du so laut bist, dann kann ich gar nichts mehr sagen.« Das ist eine sehr sinnvolle und wichtige Nachbereitung. Dabei geht es nicht darum, den Grund des Ärgers wiederzukäuen, sondern darauf zu schauen, welche Spuren er hinterlassen hat. So können Beziehung und Vertrauen wachsen.

Was leider oft passiert, ist, dass noch mal nachgetreten wird. Und das ist fies. Da kommt ein Kind, entschuldigt sich. Und statt »Danke« zu sagen, warten Eltern mit einer Standpauke auf. Das passiert oft automatisch, wie im Reflex.

»Freut mich, dass du dich entschuldigst. Aber tut es dir auch wirklich leid?«

»Hast du mal drüber nachgedacht, wie ich mich jetzt fühle?«

»Entschuldigen bringt mir jetzt auch nichts. Ich will, dass du es das nächste Mal besser machst.«

Das Fiese: Ein Kind kann sich dagegen nicht wehren. Die Entschuldigung heißt ja vor allem: »Ich halt's nicht aus ohne die Beziehung zu dir. Ich muss spüren, dass der Kontakt zu dir stimmt.« In so einem Moment ist ein Kind unglaublich durchlässig, ungeschützt, kommt mit einem grenzenlosen Vertrauen. Dieses Vertrauen dazu zu benutzen, ihm noch mal ganz genau zu erklären, wie falsch es in dem Moment war, ist nicht in Ordnung und macht das Kind genau eins, nämlich falsch.

Der Klassiker ist die zugehauene Tür. Tausende zugehauene Türen werden jede Woche kurz danach von Erwachsenen noch mal geöffnet: »So nicht, mein Lieber!«, oder: »Im Übrigen, so geht der Türstock kaputt.« Das ist ein bisschen albern. Jedes Kind, das Türen knallt, weiß: Ich soll keine Türen knallen. Eltern haben die Aufgabe, sich zu interessieren, auch nach Türknallern: »Irgendwas ist los, und ich weiß nicht, was es ist. Kannst du mir sagen, worauf du so wütend bist?« – »Weiß ich nicht.« – »Dann denk nach, denn ich würde es gern wissen.« Man könnte den Türknaller des Kindes auch anders lesen: »Ich mache gerade das Bestmögliche. Ich schmeiß nicht den Tisch um, und ich schubse auch nicht die kleine Schwester oder schmeiß den Teller an die Wand, sondern ich knall die Tür.«

Wenn Wut oder Hilflosigkeit so groß sind, dann kann nichts landen. Jemandem in dieser Verfassung mit Erzieherei zu begegnen, über den falschen Ton oder Respekt im Allgemeinen reden zu wollen, aggressives Verhalten oder die kaputtgehende Tür, ist nicht zielführend. Oft ist destruktives Handeln Ausdruck für etwas, für das es sprachlich gerade keinen Ausdruck gibt. »Hätte ich Worte, würde ich sie sagen.«

Natürlich kann und soll man darüber sprechen, was los war und was das mit den Beteiligten gemacht hat, aber eben nicht in Form von Belehrungen. Das ist ein endloses Lernfeld für Erwachsene. Wenn ich auf Vorträgen darüber spreche, wie man mit Jugendlichen ins Gespräch kommt, gibt es regelmäßig diesen Knackpunkt: Wie kann ich sprechen, ohne den anderen zu kritisieren, zu belehren, besserwissend oder egoistisch zu sein, ihn zu kategorisieren, zu definieren oder ihm sein Verhalten im Nachhinein noch mal aufs Brot zu schmieren? Regelmäßig fallen dann Kinnladen im Saal runter. Es dauert einen Moment, dann fragt irgendjemand: »Und, äh, was bleibt dann noch übrig?«

Das, was übrig bleibt, ist: von sich sprechen, zuhören, hinschauen. Und dann die eigene Wahrnehmung benennen, immer fragend, mit einer großen Offenheit. Erkunden statt feststellen.

Können wir das sofort besprechen? Lieber nicht. Über Alternativen zur Hauruck-Erziehung

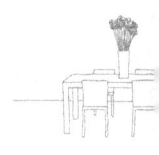

Der Esstisch ist der Hoheitsbereich der Eltern. Je nach Alter entscheiden Kinder über vieles mehr oder weniger selbst, etwa was sie mit wem spielen. Das Essen aber ist bis ins jugendliche Alter das Terrain der Erwachsenen. Es ist eine Routine, die Kindern täglich passiert. Atmosphäre, Dynamiken, Muster dringen dabei mit dem Essen und Trinken tief unter die Haut ein. Manches davon bleibt erst mal vergraben und taucht dann, wenn sie selbst als Eltern den eigenen Kindern gegenübersitzen, plötzlich wieder auf. Marmelade ist beim Abendbrot tabu. Brotzeit gibt's auf Brettchen, das Frühstück auf Tellern. Weiche Eier werden geklopft und nicht geköpft – oder andersrum? Zurechtweisungen kommen hoch: »Setz dich richtig auf den Stuhl!« »Lass deine Füße bei dir!« »Nicht mit den Fingern!« »Iss, bevor alles kalt wird.« »Lass den Löffel in der Soße, du hast schon genug.« »Ich habe gesagt, lass das!« »Jetzt reicht's!«

Das kommt oft unreflektiert, spontan, manchmal eruptiv. Manche Erwachsene erschrecken richtig über sich selbst, wie heftig sie da plötzlich reagieren. Vielleicht kommt auch ein Kommentar vom Partner oder der Partnerin: »So kenne ich dich ja überhaupt nicht.« Das ist so ein Moment, in dem wir uns als Opfer unserer eigenen Emotionen erleben, wie gefangen im eigenen Gefühlsstrudel: Wir werden grob und scharf. Gleichzeitig finden wir es unmöglich, dass wir so laut sind. Das ist ein guter Anlass, ins Grübeln zu kommen: »So wollte ich nie mit Kindern umgehen. So will ich nicht mehr sein.« Wichtig ist, freundlich, detektivisch auf sich selbst zu schauen. Da muss irgendwas in mir geweckt worden sein ... Die aktuelle Beziehung zu den eigenen Kindern und dem anderen Elternteil ist Lösungsmittel und Entwickler für das persönliche und gemeinsame Wachsen.

Weiß ich eigentlich, worauf es mir beim Essen ankommt? Wir sollten uns wirklich Zeit nehmen, mit dem Partner, der Partnerin genau darüber zu sprechen. Was ist dir wichtig, was ist mir wichtig? Und was machen wir, wenn wir unterschiedlicher Meinung sind? Beginnen wir beim Timing. Theoretisch ist es natürlich möglich, auch in der Hitze des Gefechts über Ellenbogen und Essgeräusche zu sprechen, über den sperrangelweit offenen Mund beim Kauen und Finger im Essen, über den Wert von Gesprächen an sich, spontane Gäste und einen gemeinsamen Rahmen wie Anfang und Ende. Praktisch will ich dringend davon abraten! Auch hier gilt: Schmiede das Eisen, wenn es kalt ist. Es ist so schwierig, über Schmatzen und Nasehochziehen zu sprechen, ohne den anderen zu verletzen, wenn erstens gerade davor gerotzelt wurde und zweitens gleich danach weitergegessen werden soll. Das verdirbt den Appetit.

Für alle Beteiligten ist es viel leichter, in ein konstruktives Fahrwasser zu kommen, wenn man abseits des Tischs darüber spricht, wenn Stimmung und Kontakt gut sind. Natürlich kann ich es auch mit einer Sofortmaßnahme probieren. Wie kann ich ein Kind freundlich und dezent wissen lassen, dass mich jetzt gerade zum Beispiel das Nasebohren stört? Vielleicht ins Ohr flüstern? Wie das beim Kind angekommen ist, kann der Erwachsene im Nachhinein erfragen und daraus fürs nächste Mal lernen.

Schauen wir auf etwas Harmloses, zum Beispiel Schmatzen. Das Kind schmatzt. Es bemerkt es vielleicht gar nicht oder es macht ihm Spaß. Es probiert sich damit aus, hört sich selbst genüsslich zu. Oder es ist ihm egal. Der Vater jedenfalls kann es nicht gut hören. Die alte Schule besagt: »Man schmatzt nicht am Tisch.« Und wir Erwachsene müssen dem Kind das jetzt irgendwie beibringen. Da gibt es verschiedenste Methoden von Lächerlich-Machen über Strengsein und Verbieten bis zu irgendwelchen Spielchen. »Kommt, alle üben jetzt mal, wie es geht, mit geschlossenem Mund zu kauen. Von wem höre ich gar nichts?« Es geht aber neben dem Schmatzen eigentlich um viel mehr. Es geht darum, wie ein Vater sein Anliegen mit dem Kind klären kann. Und das wird in den nächsten Jahren noch oft vorkommen.

Die Alternative, und das ist tatsächlich eine komplett andere Herangehensweise, ist, von sich zu sprechen. »Ich habe eine Bitte an dich. Für mich ist Schmatzen schwer zu ertragen. Ich kann dir nicht genau sagen, warum. Kannst du mir zuliebe versuchen, damit aufzuhören? Das wäre prima. Danke.« Vielleicht kann ich auch sagen, warum mich das so stört, wenn ich die Gründe kenne. Aber es braucht nicht unbedingt ein Argument dafür. Signal ist: Nicht du musst es lernen, sondern es ist eine Aussage über mich. »Ich habe eine Schwierigkeit, von der ich dir erzählen will, und ich weiß nicht genau, wie ich's sagen soll.« Und dann ist es immer noch eine ganz andere Frage, ob dieser Wunsch durchgängig erfüllt wird oder nicht.

Die eigene Sprache dafür zu finden, ist ein Lernprozess. Eltern sollten Lust entwickeln, immer besser herauszufinden, wie ich Dinge, die mich stören, die mir wichtig sind, die ich gern verändern würde, so einbringen kann, dass mich die anderen hören können. Wie kann ich so mit meinen Kindern sprechen, dass sie mich und mein echtes Interesse spüren? Es hilft, auch die eigenen

Wortfindungsschwierigkeiten, wenn ich über mich reden muss, ernst zu nehmen und mit auszusprechen. Auf der Suche nach ehrlichen Worten habe ich zusätzlich die Chance auf Erkenntnisgewinn. Ich kann mir bewusst werden, was mir wirklich wichtig ist und was ich jetzt aus Gewohnheit – weil man das so macht – von euch verlangt hätte. Diese andere Perspektive aufs Miteinander gleicht einer kompletten Schubumkehr. Es geht nicht mehr um das Einbimsen einer allgemeinen Etikette, sondern darum, sich selbst mit den eigenen Vorlieben und Abneigungen ernst zu nehmen und sichtbar zu machen. Die eigene Person statt einer abstrakten Gesellschaftsordnung, das menschliche Gegenüber statt einer Benimmregel.

Damit gewinnen alle – selbst wenn immer mal wieder geschmatzt wird. Und das Feld dessen, was am Tisch möglich wird, vergrößert sich enorm. Leben die Eltern vor, dass sie sich freuen, beim Essen zusammenzusitzen und Zeit zu haben, zu erzählen, was da los war, oder auch mal über Dinge laut nachzudenken, die ihnen durch den Kopf gehen? Geht die Atmosphäre von der Lust und dem Wohlbefinden der Erwachsenen aus, oder machen sie das für die Kinder, damit die irgendwie am Tisch gehalten werden können? So etwas ist nur über Vorleben und Erleben möglich. Das ist nichts, was ein Regelwerk kann. Kinder sehen vielmehr, ob ihre Eltern gern am Tisch sitzen, sie und sich selbst genießen, oder ob da eine Nervosität ist: Hoffentlich geht's diesmal gut.

Eine gute Grundhaltung, mit der Eltern sich an den Tisch setzen sollten, ist eine Mischung aus Gelassenheit, Neugier und Großzügigkeit. Das gelingt mal besser und mal weniger. Gelassen bedeutet, so, wie wir heute zusammenkommen, ist es gut, komme, was mag. Neugierig auf das, was jetzt da rund um den Tisch geschieht, auf den anderen, vielleicht auch aufs Essen. Großzügig meint, auch mit der eigenen Engstirnigkeit nicht zu hart ins

Gericht zu gehen. Natürlich sind wir mal schlecht gelaunt oder in Hektik oder unzufrieden. Das alles trägt zu einer gesunden Atmosphäre beim Essen und am Tisch bei. Und wer damit großzügig sein kann, sich nicht selbst verurteilt und das vielleicht auch noch mitteilen kann, ohne es den Kindern anzulasten, ist ein wunderbares Vorbild: »Ich bin heute sehr dünnhäutig, und es kann sein, dass ich vielleicht mal scharfe Sätze von mir gebe. Nur, dass ihr Bescheid wisst.«

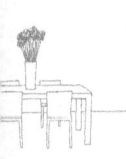

Tischlein deck dich?
Pflichten und andere Zu-Mut-ungen

Hausarbeit ist der Eltern-Augenverdreher schlechthin. Da wird von ewigem Hinterhergerenne erzählt. Freiwillig helfe niemand, n-i-e-m-a-n-d. Man habe alles probiert. Gemotzt, geheult, auf den Tisch gehauen – nichts. Eltern erzählen von Aufgabenplänen, minutiös ausgeklügelt, mit Abhakliste, fester Zeiteinteilung und Belohnung. Nach anderthalb Wochen, maximal zwei: großer Clash, wieder auf null.

Immerhin: In manchen Familien gibt es doch einen, der zum Beispiel total gern kocht, oder? Schon. Andererseits: Dann ist halt dieser Teil der Hausarbeit abgeräumt. Und was ist mit Tischabdecken, Geschirrspülen, Badputzen, Zimmeraufräumen, Müllrunterbringen, Staubsaugen? Fenster, Wäsche, Altglas? Eine Familie, in der das alles absolut kein Thema ist, habe ich in mehr als fünfzehn Jahren, die ich inzwischen mit Familien arbeite, noch nie getroffen. Deswegen klingt der folgende Satz vielleicht erst mal wie eine Provokation: Wer den Haushalt als Teil des Familienlebens nicht ernst nimmt, wer ihn nur als lästiges Nebenprodukt des Zusammenseins abtut, macht vor allem eins – er verpasst Chancen für die ganze Familie. In der Pflicht steckt jede Menge Licht. Eltern werden täglich aufs Neue gefordert, sich mit dem Partner oder der Partnerin und ihren Kindern über die Arbeiten zu verständigen und auseinanderzusetzen. Es geht ums Organisieren, Gestalten, Bewältigen.

Die ersten Lichtstrahlen kann man bei der Struktur einfangen: Beim Thema Haushalt bekommen alle mit, wie dynamisch und flexibel das Konzept Familie ist. Der Haushalt ist ständiger Veränderung unterworfen. Weil andere Dinge erledigt werden müssen, weil Dinge anders erledigt werden müssen, weil die Beteiligten unterschiedlich teilnehmen können. Ein Erstklässler kann wahrscheinlich, auch wenn er will, nicht unbedingt Fenster putzen. Der Bandscheibenvater darf keine Getränkekisten schleppen. Und wer kommt an die Fächer oben im Küchenschrank, ohne auf den Hocker zu steigen? Es gibt eindeutig beliebtere und unbeliebte Arbeiten. Lieber Spülmaschine einräumen als Müll runterbringen, lieber Staubsaugen als Wäsche aufhängen. Sind die Eltern bereit, auf eine Dynamik zu reagieren und auch mitzuwachsen? Wenn die tägliche Arbeit im Haushalt genauso Bestandteil des Familienlebens ist wie Kindergarten, Schule, Geldverdienen, Spielen, Feiern, in den Urlaub fahren, wird die Familie auch immer wieder Zeit investieren, darüber zu beraten, wie alle ihren Beitrag leisten können.

Das Potenzial von Hausarbeit in der Familie liegt nicht darin, störungsfreie Abläufe zu organisieren. Es geht nicht um ein Optimieren, sodass alles glatt läuft. Das ist erstens unrealistisch und bietet zweitens auch keine Entwicklungsmöglichkeiten. Haushalt ist Teil des Familienlebens so wie Essen und Trinken. Läuft der Alltag gerade in ruhigen Bahnen, flutschen meist auch Abdecken, Wäsche, Badputzen. Ist die Atmosphäre gereizt, wird's auch Streit beim Staubsaugen geben. Wie der Familientisch spiegelt auch Hausarbeit, was in der Familie los ist. Und in Familien ist immer was los, hoffentlich!

Man muss an dieser Stelle zunächst mal mit einem weit verbreiteten Klischee aufräumen. Mithelfen im Haushalt wird oft verbunden mit der Idee, Kinder bräuchten Pflichten, damit sie so etwas wie Pflichtbewusstsein überhaupt lernen. Sie sollen etwas erledigen, was ihnen ein bisschen lästig ist. Sie sollen sich überwinden, durchhalten, ihren Teil beitragen, alles mit dem Ziel, damit später kein schludriger Mensch aus ihnen wird. Sie sollen den Spülmaschinen-Besteckkasten ein- oder ausräumen, die Wasserkaraffe auf den Tisch stellen, das Altglas wegbringen. Und danach kontrollieren die Eltern, ob das auch alles ordentlich erledigt worden ist. Eine Art Bootcamp gegen die Nachlässigkeit.

Ein verbreiteter Irrtum. Nur weil jemand diese oder jene Aufgabe aufgetragen bekommt, wird er kein pflichtbewusster Mensch. Er ist dann Aufgabenerfüller – mehr oder minder mürrisch. Die Vorstellung von Pflichten als notwendigem Fortbildungsprogramm, als wichtigem Baustein des Großwerdens, als Hilfe fürs Kind kommt aus der traditionellen Pädagogik. Diese hat aber nichts mit einer Beziehung zu tun, die auf Vertrauen fußt, sondern baut auf Gehorsam und Kontrolle. Etwas, was Eltern heute nicht mehr wollen, in deren Logik sie aber immer wieder reinrutschen. Kontrolle etwa kommt beim anderen als Misstrauen an. Es bedeutet ausbuchstabiert: Ich traue dem Braten nicht. Ich glaube, du kriegst das irgendwie nicht hin. Kontrolle beinhaltet eine Unterstellung und bekommt schnell eine gefräßige Eigendynamik. Sie wird zur Dauerbeschäftigung und verhindert Vertrauen, den Gegenspieler zur Kontrolle.

Vertrauen heißt: Ich vertraue darauf, dass die anderen auch ihren Beitrag leisten und sogar bereit dazu sind. Auch Vertrauen entwickelt eine Dynamik, aber mit umgedrehtem Vorzeichen, es entsteht ein positiver Strudel. Vertrauen lädt ein, Vertrauen strahlt. Traut dem anderen was zu. Vertrauen bedeutet: Ich bin mir sicher, dass du es so gut machst, wie du kannst. Das ist etwas anderes als bloß eine Erwartung, bei der der andere meine fixen Vorstellungen erfüllen muss. Für ein Kind vermittelt das Sicherheit. Ich gehöre dazu, ich muss mich nicht beweisen, ich muss mir meinen Platz in der Familie nicht erarbeiten.

Ich fürchte, Eltern haben dieses Pflichtenheft lange Zeit unüberprüft übernommen. Sie befinden sich damit oft immer noch in den Fünfziger-, Sechzigerjahren. Da sollten sie auf ihre eigenen Muster, auf ihre Angewohnheiten, auf ihre Flexibilität schauen und sich ehrlich befragen: Will ich ernsthaft Kinder, die einfach nur gehorchen? Oder will ich mich mit ihnen in eine gemeinsame Haushaltsführung reinbewegen? Die Haltung, das Kind müsse zur Mitarbeit erzogen werden, fußt auf der Unterstellung, dass sich Kinder nicht an den Arbeiten, die zum Zusammenleben gehören, beteiligen wollen. Wir haben ein ganzes Arsenal an eingebrannten Sätzen, die Kinder als Hausarbeits-Drückeberger beschreiben: »Wenn ich mich auf euch verlasse, bin ich verlassen.« »Freiwillig hilft sowieso niemand.« »Wenn ich um was bitte, muss ich es zehnmal sagen.« »Wenn ich es nicht mache, macht es niemand.«

Die Sätze haben sich nicht die heutigen Erwachsenen ausgedacht. Das sind Überlieferungen, mit denen sie aufgewachsen sind. Sicherlich gibt es unterschiedliche Phasen. Aber Kinder, vor allem kleine Kinder, wollen mitarbeiten. Sie wollen dabei sein. »Mitarbeiten« ist dabei etwas anderes als »mithelfen«. Beim Mithelfen wird das, was das Kind tut, eine Stufe darunter eingeflogen. Wer mithilft, muss es genau so machen, wie ich das will. Mithelfen ist eine Definition der Erwachsenen. »Wenn du es so machst, dann bist du keine Hilfe.« Das bedeutet natürlich nicht, dass Absprachen verboten wären.

Wir sind als Menschen soziale Wesen – von Anfang an. Wenn wir versuchen, dem Kind das Mitmachen anzuerziehen, wenn wir es permanent verpflichten und die innere Motivation ignorieren, dann zerstören wir das Engagement eher, als dass wir es fördern. Kleine Kinder arbeiten gern und selbstverständlich mit. Ohne es zu wollen, verhindern Eltern das Mitarbeiten genau mit den Mitteln, mit denen sie die Arbeit einfordern. Belohnung oder Strafe gehören zum Beispiel dazu. Kinder verlieren so den Zugang zum eigenen Antrieb. Dann geht es nur darum, die Handysperre zu verhindern, das Eisessen zu bekommen. Genauso wie spitze Bemerkungen, die Unwillen unterstellen: »Jaja, spielen, aber nicht aufräumen. Das gehört aber dazu, kleines Fräulein/junger Mann.« Oder Kommentare, mit denen Erwachsene ihre Kinder kleinmachen: »Das kannst du noch nicht, das geht schneller, wenn ich es selbst mache, und dann weiß ich, dass es ordentlich ist.«

Die Aufgabe der Eltern ist es in dieser Phase, Kinder so selbstverständlich wie möglich und ohne großes Tamtam einfach einzubeziehen. Also: Salatzupfen vielleicht oder ein bisschen Schnibbeln mit eigenem Messer und kleinem Brettchen. Oder auch einfach nur dabei sein lassen. In der Grundschule werden für Kinder dann oft andere Sachen wichtiger: Lego, Freunde, Basteln. Da geht es für Eltern darum, selbst flexibler zu sein, Alternativen anzubieten, nicht lockerzulassen, darauf zu pochen. »Mach's! Von mir aus später, aber mach's. Das geht auch ohne Lust.«

Die Küche kann zu einem besonderen Ort werden. Da, wo es gut riecht und gewerkelt wird, sind alle gern dabei. Da, wo jemand gern kocht, da wachsen oft Kinder hinterher, die auch gern kochen. Kochen ist für einige Erwachsene eine Tätigkeit zum Entspannen. Wie schön, wenn Kinder davon etwas abbekommen.

Als Elternteil muss ich mich vor allem zurückhalten. »Du kannst das nicht, lass mich mal«, egal ob ausgesprochen oder im Stillen gedacht und danach gehandelt, macht, dass das Kind sich falsch fühlt. Wir kennen das aus der Erwachsenenwelt etwa vom Thema Spülmaschine: Wer räumt sie wie schlecht ein? Da hat jeder sofort eine Geschichte parat, die gern mit »Mein Mann aber …« beginnt oder »Meine Frau halt …«.

Kinder erleben die ganze Zeit, dass Eltern eingreifen, korrigieren, klugscheißen – und dann beleidigt reagieren, wenn Kinder irgendwann resigniert hinwerfen: »Dann mach's doch selbst.« Eine Alternative für die Eltern wäre das Anklopfen: »Kannst du bitte die Kartoffeln schneiden, ich hätte gern möglichst dünne Scheiben. Geht das?« Oder: »Kann ich dir einen Hinweis geben?« Allerdings muss das Anklopfen ernst gemeint sein. Wenn ein Nein kommt, dann sollte das ohne Beleidigtsein respektiert werden. Denn das Nein geht ja nicht gegen den Hinweis, sondern gegen die Besserwisserei. Wer das tut, hat gute Chancen, dass er später nach einem Hinweis gefragt wird oder die Hilfe angeboten bekommt.

Natürlich müssen Eltern bei Gefahr eingreifen, genauso wie sie das Kind stoppen sollten, bevor dem Familieneintopf drei Esslöffel Salz zugegeben werden. Ansonsten gilt es, sich zurückzuhalten. Ein Hinweis pro fünf Spülmaschineneinräumen genügt. Besserwisserei nervt. Erwachsene kennen das, wenn die Schwiegermutter zu Besuch ist – und erst mal ungefragt den Ofen putzt. Das ist übergriffig. Genauso kontraproduktiv ist es aber, demonstrativ und wiederholt zu loben, wenn das Kind den Salat gezupft oder den Tisch gedeckt hat. Ebenso negativ wirkt Nachtreten: »Wie gut wäre es, wenn du jetzt schon den Tisch gedeckt hättest.« Nichts davon ist angemessen. Ein einfaches »Vielen Dank« genügt. So wachse ich als Kind hinein. Der Fokus tut nicht gut.

Ich würde mir so wünschen, dass Familien die Haushaltsarbeit in einer Atmosphäre planen, als ob es um den nächsten Urlaub ginge. Denn wie die Verteilung funktioniert, das ist der Job der Eltern. Sie sollten viel Energie reinstecken, da ein gutes Klima reinzubringen.

Oft fragen mich Eltern, wie sie es schaffen, Verantwortung zu verteilen. Wichtig sind vor allem zwei Dinge: erstens loslassen. Solange die Verantwortung immer fest verankert bei den Eltern liegt, kann ein Kind höchstens Aufgabenerfüller sein. Wie sehr bin ich überhaupt bereit, auch Arbeit abzugeben? Und abgeben bedeutet:

Ich lebe nicht allein. Ich muss es dem Kind zutrauen, manchmal ist das eine Zumutung. Aber da steckt auch das Wörtchen Mut drin. Zweitens: Großzügigkeit. So etwas funktioniert nicht sofort. Und wahrscheinlich hat der neue Badverantwortliche nicht genau dieselbe Vorstellung davon, was sauber bedeutet. Darüber kann man dann wieder reden. Und es ist ein großer Unterschied zwischen: »Du kannst ja nicht mal richtig Badputzen« und »Ich bin da etwas merkwürdig, ich will halt glänzendes Chrom am Wasserhahn. Das ist meine Macke.« Vielleicht krieg ich's dann sogar irgendwann?

Man sollte sich als Erwachsener immer wieder fragen: Was für eine Stimmung verbreite ich heute in der Küche? Will ich gerade am liebsten allein sein, heute lieber kein Kind um mich herumhaben? Oder will ich, dass mir Arbeit abgenommen wird? Ist Küche ein Ort, den man als Kind am besten meidet, zumindest kurz vorm Essen, weil man sonst Aufgaben kassiert? Kann ich es aushalten, dass ein Kind einfach nur zuguckt, oder provoziert es mich? Ist es ein Ort, an dem man auch untätig daneben sitzen darf? Dürfen wir Eltern uns überhaupt erlauben, an verschiedenen Tagen mit verschiedenen Stimmungen und Erwartungen zu kochen? Wann denke ich: Zumindest den Tisch decken könnten sie schon mal, den Besteckkasten ausräumen, die Getränke holen. Und wie kann ich mir zugestehen, es einfach zu genießen, dass da jemand mit mir in der Küche ist und mit mir plaudert oder mir einfach Gesellschaft leistet. Vielleicht ist das ein guter Punkt für die To-do-Liste: Nichtstuende Kinder in der Küche willkommen heißen, umarmen.

Dem Helferleinprinzip, bei dem Eltern es als ihren erzieherischen Auftrag verstehen, kleinteilige Aufgaben zu delegieren und das Erledigen zu kontrollieren, will ich das Konzept einer Selbstverpflichtung entgegenstellen: Dann wächst ein Gefühl von etwas, das man sich vornimmt zu tun. Wir erleben das beim Sport. Da stehen die Kinder am Wochenende um sieben Uhr morgens auf und gehen zum Turnier irgendwohin. Da steckt viel Energie und Motivation und Wollen drin.

So etwas wie Selbstverpflichtung kann – je nach Typ – ab sechs, sieben Jahren beginnen. Die Selbstverpflichtung ist ein Wendepunkt für ein neues Miteinander und die Arbeit im Haushalt ein fantastisches Lernfeld dafür. Die Grundausstattung dafür, Verantwortung zu übernehmen, ist uns Menschen angeboren. Beim Großwerden brauchen Kinder Erwachsene als Vorbild und Leitplanken. Da gilt es, negative Erwartungen aus dem Weg zu räumen und eine neue Großzügigkeit aufzubauen: Wenn jemand anderes die Wäsche aufhängt, dann hängt sie anders. Der Tisch ist dann anders gedeckt, das Bad vielleicht nicht nach dem Mama- oder Papa-Standard geputzt. So ist das eben, wenn Eltern nicht alles allein machen wollen.

Dürfen Eltern dann gar nichts mehr dazu sagen? Doch, natürlich – ich kenne keine Behörde, die das verbieten würde. Aber es kann sein, dass die Eltern eine andere Sprache lernen müssen. »Ich finde, das Waschbecken ist nicht sauber. Bist du denn so, wie du es geputzt hast, zufrieden? Wenn das so ist, dann muss ich die nächste Zeit ausprobieren, wie es mir damit geht. Ich hätte es gern anders.« So könnte der Beginn einer möglichen Unterhaltung über verschiedene Ansprüche und Vorstellungen und vielleicht auch über Putztechniken klingen. Jeder erarbeitet sich seinen eigenen Stil. Wie macht der andere das mit dem Müll? Ist er ein Stapler oder ein Läufer? Klar, beim Stapeln dauert es vielleicht länger mit Umpacken, Aufeinanderstellen, Zusammendrücken – aber es kann eben ein Spiel sein, so viel wie möglich auf einmal runterzubringen. Oder: »Wie komme ich beim Kloputzen in die Engstellen der Klobrillenbefestigung, nehme ich eine alte Zahnbürste oder Spezialzubehör aus dem Drogeriemarkt?« »Die Kraft von Essigessenz macht echt die Kloschüssel wieder weiß?« Mikrofaser oder Baumwolltuch? Mit Handschuhen oder ohne? Was ist ein Staubmagnet?

Bei so einer Selbstverpflichtung sind vor allem erst mal die Eltern in der Pflicht. Sie müssen sie ermöglichen. Eltern, die über Jahre die Zuständigkeit für alles hatten, haben erst mal gut damit zu tun, den Weg freizugeben. Die eigene Unentbehrlichkeit ist gar nicht so einfach abzugeben. »Außer mir tut hier ja eh niemand was«, ist Klage, ist aber auch eine Bestätigung der eigenen Rolle. Erst wenn wirklich Platz ist, können andere in der Familie ihre Mitarbeit ausprobieren. »Ich übernehme von jetzt an die Verantwortung fürs Müllruntertragen.« Starke Ansage. Und jetzt braucht dieser Prozess unbedingt Zeit. Sohn oder Tochter, egal ob neun oder dreizehn, muss das kennenlernen dürfen, muss die Chance haben, reinzuwachsen. Verantwortung kennenzulernen, geht nur über eigene Erfahrung. Für Eltern bedeutet das Zeitgeben vor allem, den eigenen Luchs in sich schlafen zu legen. Die lauernde Das-klappt-doch-eh-nicht-Erwartungshaltung ist ein großer Verhinderer fürs Gelingen.

Was passiert, wenn Sohn oder Tochter merkt: Nee, ich krieg's erst mal nicht hin. Was bedeutet das eigentlich? Kann ich mir Hilfe holen? Und wie? Was, wenn ich den Müll mal vergesse? Darf ich sagen, ich habe ihn vergessen? Oder ist das dann gefährlich in der Familie? Hagelt es dann Kommentare, Zuschreibungen? »Auf dich ist kein Verlass.« »Habe ich mir gleich gedacht, dass das nicht klappt.« Wir kippen schnell ins gewohnte Muster zurück. Anklagende Worte führen in die Sprachlosigkeit.

Für Eltern ist dann die große Herausforderung, erst mal das Patt auszuhalten. Das Patt zwischen »Der Müll ist nicht runtergebracht« und der Tatsache: Es war das Kind, das dafür die Verantwortung übernommen, es aber nicht getan hat. Mit diesem Aushalten gewinnen wir erst mal Zeit. Zeit für die Eltern, um sich vielleicht die eigene Genervtheit einzugestehen: »Es ist der Müll, Mann!« Oder sich zu beruhigen: »Es ist *nur* der Müll.« Zeit fürs Kind, um vielleicht anzuerkennen: »Ja, ich habe den Job übernommen, ich kann Bescheid geben, dass ich nicht dazu komme.« Es geht nicht ums Rechthaben, sondern ums Gehörtwerden. Wir brauchen einen neuen Umgang miteinander. Beziehung geht vor Rechthaben. Und Ungeduld, Ärger und Frust gehören unbedingt dazu.

Der Müll ist ein gutes Trainingsgelände, weil er einen natürlichen Handlungsbedarf mit sich bringt. Er kann nicht tagelang in der Küche rumstehen. »Ich bin nicht einverstanden, dass der Müll so lang in der Küche steht. Wie hast du vor, deinen Job zu erledigen? Wenn dir nichts einfällt, müssen wir noch mal zusammen überlegen. Denkst du, du hast dich mit dem Müll übernommen? Denk bitte bis morgen darüber nach.« Und wenn es nicht klappt, können alle weitersuchen: »Müll geht gerade nicht. Was kannst du dann übernehmen?«

Eltern können damit einen Lernprozess fürs Leben in Gang bringen, wenn Kinder sagen dürfen: »Ich würde es gern machen, aber ich pack's gerade nicht« – warum auch immer. Ein beeindruckender Satz eines jungen Menschen. Da steckt viel Kennenlernen drin. Können auch Eltern so sprechen, ohne sich selbst zu verurteilen, ohne dass sie das Gefühl haben, zu kapitulieren oder der Verantwortung, die sie übernommen haben, nicht gerecht zu werden? Dürfen Kinder den Satz sagen, ohne sich zu verurteilen, ohne sich zu schämen, ohne Kommentare von Erwachsenen zu kassieren. »Du musst doch nur ein bisschen mehr wollen.« »Wenn du nicht so viel am Handy wärst ...« Oder auch: »Das tut mir leid, ich nehme dir das alles ab. Das kannst du ja überhaupt nicht hinkriegen.«

Kinder müssen auch scheitern dürfen – und sie lernen am besten von Eltern, die ihr eigenes Scheitern nicht verbergen, sondern ihren Ärger, ihre Unzufriedenheit, ihren Frust zeigen und es überleben. Für das, was funktioniert, ist es immer einfach, verantwortlich zu sein. Aber sich freundlich und ohne Verbitterung einzugestehen, das habe ich nicht erledigt, ist eine hohe Kunst. »Ich glaube, ich habe mich überschätzt. Das war zu viel für mich.«

Wie gelingt es, ein Klima der Fehlerfreundlichkeit zu schaffen? Eltern können in der Organisation der Hausarbeit viel über sich und ihre Familie lernen. Welche Grundstimmung, welche Anspruchshaltung, welcher Leistungsdruck liegt in unserer Familie? Welche Erwartungen bringen die Eltern in die Familie ein, und welche Signale und Rückmeldungen bekommen sie von ihren Kindern? Der Lichtfaktor aus der Pflicht kann hier zum Leuchten kommen.

Sich als Kind offen damit auseinandersetzen zu dürfen, was man verbockt hat, damit umzugehen, dass etwas nicht so funktioniert hat, wie man es sich gewünscht hat, hat Strahlkraft ins ganze Leben. Wie fühlt sich das an? Wie halte ich das aus? Was schafft Linderung? Und wie groß ist die Lernerfahrung für die Erwachsenen, den eigenen Ärger zu zeigen und nicht das Gegenüber dafür verantwortlich zu machen? Der Müll, der da immer noch gefährlich anklagend unter der Spüle marodiert – er ist der Auslöser für meinen Ärger, aber der Ärger, das was ich daraus mache, gehört mir.

Nehmen wir ein umgeschmissenes Glas als Beispiel. Man könnte das als Aufwischtest in Familien einführen: Was passiert in den Sekunden danach? Wer läuft zum Lappen? Trommelwirbel, fragend schwenkende Köpfe. Ich erlebe da immer wieder, dass Mütter und Väter sagen: »Na ja, aber wenn jemand was verschüttet, das Mindeste ist doch, dass er es selbst wieder aufwischt.« Da wird dann der Kopf ein wenig schräg gelegt, Lippen aufeinandergepresst, der Blick »Hab ich's nicht gesagt? Mannmannmann«. Oft brodelt bei den Eltern im Hintergrund: »Ich racker mich hier den ganzen Tag ab, der lässt sich nur bedienen. Wenigstens das muss er dann machen!« Eine Schicht tiefer hieße das: »Mir gelingt es nicht, die Aufgaben so zu verteilen, wie es mir lieber wäre. Aber wenigstens das muss er dann tun.«

Beim Aufwischtest, also der Frage, wer beim Saftunfall springt, gibt es eine glasklare Regel: Der, der am schnellsten zum Lappen kommt! Es kann doch nicht darum gehen, da den Schuldigen auszustellen: »Du hast das umgeschüttet. Jetzt lauf halt! Jetzt streng dich mal an!«

Hört man Eltern zu, wenn sie über Hausarbeit sprechen, dann tauchen spätestens in Satz drei die ach so faulen und undankbaren Kinder auf. Die Kinder, die wieder mal nicht mithelfen, motzen, sich drücken, nicht mal die Spülmaschine ausräumen oder das Altpapier wegbringen. Das Wort »faul« gehört unter Verschluss. »Du bist faul« ist eine Beschimpfung. Wer dabei als faul gilt, entscheiden immer die anderen. Und wer sich selbst faul nennt, ist mindestens die zweite Person, die das sagt. Erst wenn Kinder faul genannt werden, schreiben sie es sich selbst zu. Faul sein ist keine Anlage, die Menschen mitbringen. Wenn Erwachsene Kinder oder Jugendliche als faul bezeichnen, werde ich hellhörig. Dann ist was los im Familiengefüge. Da stecken einzelne oder mehrere in Schwierigkeiten. Im Grunde drückt sich in der Definition von Faulsein die Hilflosigkeit der Erwachsenen aus, die nicht die Mitarbeit und Hilfe bekommen, die sie wollen. Statt selbst nach neuen Wegen zu suchen, wird die andere Person abqualifiziert. »Mir hilft natürlich wieder niemand, ich bin es halt nicht wert.« Das täte weh. Wenn die anderen faul sind, hat es nichts mit mir zu tun.

Genauso die Undankbarkeit: Eltern werden Eltern, weil sie es wollen. Das heißt – und obwohl dies nur logisch ist, muss man es doch einmal aussprechen: Kinder sind erst mal gewünscht. Sie bereichern das Leben der Eltern grundsätzlich. Im Alltagsstress vergessen Eltern das manchmal. Dann muss man sie erinnern, dass es nicht die Kinder sind, die den Eltern dankbar sein müssen, dass sie am Leben sein dürfen, dass für sie gesorgt wird, dass sie so tolle Eltern haben, die so viel für sie tun, sondern umgekehrt, dass die Eltern immer wieder sagen, wie anders das Leben durch Kinder ist, wie reichhaltig, wie weitwinklig.

Im Alltagsstress schleicht sich vielleicht auch so etwas wie pragmatische Resignation bei den Eltern ein. Dann macht die Mutter es halt schnell selbst, statt dreimal darum zu bitten. Die Eltern nehmen – »ihr helft ja eh nie mit« – alles auf sich, werden darüber schlecht gelaunt, sticheln gegen die Kinder: »Ihr lasst euch hier nur bedienen. Du führst dich auf wie im Hotel!« Dabei stehen oft Worte und Taten in eklatantem Widerspruch. »Du bist alt genug, dein Zimmer aufzuräumen«, sagen Vater oder Mutter, während sie die Kleidungsstücke von Tochter oder Sohn im Zimmer zusammensammeln. »Ihr könntet auch mal staubsaugen«, wettert die Mutter, während sie mit dem Staubsauger durchs Wohnzimmer pflügt. Und Kinder folgen den Taten: Wenn sie es eh macht …

Der Frust von Eltern darüber, wie unzufrieden sie sind, zeigt sich, wenn sie sich in ihren Erzählungen gegenseitig übertreffen, wie wenig die Kinder mithelfen. »Alle Jubeljahre bitte ich ihn, mal den Müll runterzubringen, und dann ist das schon zu viel!« – »Meinem brauche ich mit so etwas wie Müllrunterbringen gar nicht erst kommen.« Da hat sich ein wirklich irritierender Wettbewerb entwickelt. Aber es ist eine absolute Unart, schlecht von den eigenen Kindern zu sprechen. Damit verunglimpfen wir sie – dabei sind sie das Liebste, was wir haben.

Lassen wir mal alles, was dabei unterwegs mit der Beziehung passiert, für einen Moment beiseite und schauen uns nur das Muster an, das damit vorgelebt wird: Wie soll ein Kind, dem die Bereitschaft, an der Familienarbeit teilzunehmen, kategorisch abgesprochen wird, Bereitschaft zeigen? Wie kann ein Kind mit diesem Vorbild entscheiden: Was und wie viel mache ich gern? Traue ich mir zu? Und wie viel mache ich halt auch, wenn ich es nicht gern mache? Wie gut können die Erwachsenen über ihre eigenen Bedürfnisse und das Wohlfühlen am Tisch oder über das, was sie wollen und was sie nicht wollen, wirklich sprechen, ohne dass es in Vorwürfe und Vorhaltungen kippt? Und was davon bleiben Andeutungen oder unausgesprochene Erwartungen? Selten tanzen Erwachsene fröhlich feudelschwingend durch Küche, Bad und Toilette. Oft leben Eltern vor, dass es ganz furchtbar ist, den Haushalt zu machen, und erwarten dann, dass die Kinder freudig mithelfen. »Mit so einem Gesicht brauchst du mir gleich gar nicht helfen.«

Das Wichtigste auf dem Weg zu einem neuen Miteinander ist zugleich das Erste und zudem vielleicht auch das Schwierigste: ein komplettes Umschwenken. Als ob man der Lichtregie im Familienleben plötzlich eine ganz neue Order gäbe. Im Rampenlicht stehen dann nicht mehr die Kinder, sondern die Erwachsenen. Klingt erst mal komisch. Was ist damit gemeint? Was sieht man, wenn man die Erwachsenen ins Rampenlicht stellt?

Umschwenken bedeutet, dass Eltern die Verantwortung für ihre eigene Unzufriedenheit übernehmen. »Ich habe mir zu viel aufgeladen«, ist vielleicht so ein Satz, der zeigt, dass ich mich als Erwachsenen ernst nehmen will. »Die letzten Jahre habe ich gedacht, ich muss das alles machen. Ich habe die Verantwortung dafür übernommen, das zu tun. Ich habe bisher meinen und euren Alltag organisiert, ohne zu fragen, ob ihr das wollt. Und mir ist es seit Langem zu viel. Ich habe es nicht gemerkt oder ich wusste nicht, wie es anders gehen kann, und jetzt werde ich schlecht gelaunt. Ich meckere euch an, ich werde zum Kontrollfreak. Ich schimpfe euch und bin unzufrieden. Und das will ich nicht mehr. Ich brauche eine Veränderung.« So könnten Eltern das zu sich nehmen. »Und ich habe euch Kinder und vielleicht den Partner nicht miteinbezogen. Ich habe euch nicht zugetraut, dass ihr euch beteiligen wollt und könnt.« Es sind Vorurteile gegenüber Kindern, die so vieles verhindern, die aber bei so vielen Erwachsenen stillschweigender Konsens sind.

So ein Umschwenken lässt sich natürlich nicht von heute auf morgen voll umsetzen. Auch das kann ich moderieren, davor kann ich die Kinder warnen: »Ja, ich will es anders machen. Aber wir haben Jahrzehnte Gewohnheit auf dem Buckel. Vielleicht werden wir rückfällig. Weist mich dann gern drauf hin, wenn möglich freundlich.«

Kinder haben sehr feine Antennen dafür, ob die Eltern etwas wirklich so meinen. Ein bisschen an der Lichtregie rumzuschwenken, das Ganze vor der Familie wie ein Theaterstück aufzuführen, ist eine Kränkung gegenüber den Kindern. Das ist manipulativ und geht nach hinten los. Genauso merken die Kinder, wenn es die Eltern ernst meinen. Und dann entsteht ein Prozess, der unter Umständen eine Weile dauert. Ein System zu ändern, das über Jahre so gelaufen ist, kann unter Umständen Monate brauchen, bis es anders wird. Oft warten Kinder da erst mal ab. Das ist kein Misstrauen, sondern ein Beobachten: Meinen die Erwachsenen es wirklich ernst?

Für Kinder, aber auch für Erwachsene kann es wirklich bereichernd sein, darüber zu reden, was einem nicht gelingt. Das hat kaum einer gelernt. Auch sagen zu dürfen, was einem einfach überhaupt keinen Spaß macht, ohne dass dies automatisch bedeuten würde, dass man deswegen davon befreit wird. »Es ist richtig supereklig, den Biomüll runterzubringen«, sagt das Kind. »Ich muss die ekligste Arbeit hier in der Familie machen.« Und dann kann man darauf reagieren: »Ja, Biomüll kann ziemlich eklig sein. Hut ab! Gibt es etwas, das dir das erleichtert?« Manchmal reicht schon ein Paar Handschuhe.

Können sich Eltern mit ihren Kindern unvoreingenommen über die Mitarbeit im Haushalt unterhalten? Wollen sie auf die

Suche gehen und Änderungen möglich machen? »Ich kann und will nicht alles alleine machen. Und ich finde es selbstverständlich, dass wir das verteilen. Aber ich finde es nicht selbstverständlich, dass ich bestimme, wie wir verteilen.« Ist es erlaubt zu sagen: »Ich glaube, ich schaff es nicht.« Ist es erlaubt zu sagen: »Wer macht es dann, wenn es mir keinen Spaß macht?« Und ist dann vielleicht die Antwort: »Es muss keinen Spaß machen. Müll runterzubringen, ist tatsächlich anstrengend.« Auch wenn ich etwas getan habe, wozu ich eigentlich keine Lust hatte, habe ich am Schluss ein gutes Gefühl. Es ist das Gefühl, wertvoller Teil der Gemeinschaft zu sein.

Wie Kinder ihre Mitarbeit erleben, hängt auch davon ab, wie Eltern reagieren, wenn das mit der Selbstverpflichtung nicht immer glatt läuft. Der Sechsjährige will die Zuständigkeit fürs Tischdecken am Abend übernehmen. Am dritten Tag macht er es nicht, und Papa oder Mama sagen: »Ah, du hast vergessen, mir zu sagen, dass du es heute nicht schaffst.« Ohne Empörung, ohne Vorhaltung, keine Enttäuschung, kein »Auf dich kann man sich nicht verlassen«. Der Sohn bekommt eine freundliche Rückmeldung. Der große Sumpf mit Ausreden, schwindeln, abstreiten, vertuschen, wegducken, Wiedergutmachungen, Versprechungen … all das, was so viel Belastung und Sich-falsch-Fühlen mit sich bringt, bleibt Kindern und Eltern erspart.

Hausarbeit ist ein Eldorado für Machtkämpfe aller Art. Hier erklären Eltern regelmäßig: »Sonst funktioniert es ja einfach nicht!« Gerade hier erleben wir immer wieder den Rückfall in den Elterngegen-Kind-Modus. »Es wird so gemacht, wie ich es sage, und zwar jetzt!« »Bei Hausarbeit geht es nicht ohne klare Ansagen, ist doch klar, sonst läuft da gar nichts.« Die Rückfallquote ist hoch, und der Glaube daran, dass es anders gehen könnte, fehlt. Spielen Eltern weiter die Rolle der Machthaber, werden Kinder weiter die Rolle der unwilligen Kinder einnehmen.

Für Veränderungen, für neue Wege, für das Umschwenken müssen die Eltern den Anfang machen. Kinder können es nicht besser machen als ihre Eltern. Das Problem: Für ein anderes Miteinander haben auch die Eltern so gut wie keine Vorbilder. Auch die Erwachsenen heute sind mit dem Erwachsene-gegen-Kind-Modus groß geworden. Sich das bewusst zu machen, kann schmerzhaft sein. Ein junger Mann formulierte es so: »Ich habe nur darauf gewartet, alt genug zu werden, um auf die andere Seite der Macht zu kommen.«

Der kleine Satz von vorhin, der recht unscheinbar und doch irritierend daherkommt, ist der Einstieg in den Ausstieg: »Du hast vergessen, mir zu sagen, dass du den Tisch nicht deckst.« Der Satz ist der Anfang eines gemeinsamen Gesprächs statt eines tadelnden Monologs. Hier kann sich ein gegenseitiger Austausch entwickeln jenseits der klassischen Rollenverteilung: Elternteil auf dem Richterstuhl, Kind auf der Anklagebank. Das Lernfeld für die Eltern ist, sich selbst gut zuzuhören, wie und was sie in so einem Moment aussprechen. Sie können sich später die Rückmeldung vom Kind holen, was bei ihm angekommen ist.

Die Erfahrung, die es für alle zu gewinnen gibt, ist, sich selbst als wertvollen Teil der Gemeinschaft zu erleben. Das ist ein Grundbedürfnis von uns Menschen. Auch wer es richtig blöd findet und eigentlich überhaupt keine Lust darauf hat und es nur maulig tut – es macht ihn doch zum aktiven Teil dieser Gruppe. Und man darf es auch maulend machen. Das ist sicher auch etwas Neues dabei.

Kinder wollen dazugehören. Das gelingt am besten, wenn sie sich im alltäglichen Miteinander aktiv beteiligen können. Es ist dieses Leuchten und Brennen, das wir kennen, ähnlich dem Gefühl, wie viel schöner es ist, ein gutes Geschenk gemacht zu haben, als es zu bekommen.

Erziehungsirrtümer
Elf Sätze, die nichts am Familientisch verloren haben

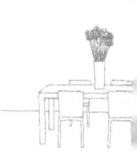

1 »**Kann man nicht einmal in Ruhe essen?**«
Doch, natürlich kann man: Kopfhörer auf, Noicecanceling an, guten Appetit! In Wahrheit ist das keine Frage, sondern ein fetter Vorwurf. Er heißt: Immer seid ihr fürchterlich laut. Und das stimmt ja vielleicht sogar. Die Wahrheit ist aber auch: Es ist nicht jeden Tag eine Katastrophe für mich als Elternteil. Es wäre gut, genau diese eigene launische Lautstärkenresistenz ernst zu nehmen. Also einmal tief und hörbar durchatmen und dann so freundlich es einem möglich ist: »Ich bin heute dünnhäutig und ziemlich aus der Spur. Ist es möglich, dass ihr heute nicht streitet?« Das ist eine Aussage über einen selbst und macht nicht (»Ihr stört«) die Kinder falsch.

2 »**Aber das ist so gesund.**«
Für kleine Kinder und auch ältere hat das Wörtchen »gesund« keinerlei argumentative Strahlkraft. Sie greifen zu, weil sie Hunger haben, weil es ihnen schmeckt, weil sie gern tun, was die Eltern wollen. Vitamine, Nährstoffe, Spurenelemente sind ihnen ziemlich egal. Wenn das Label »gesund« oft dazu dient, die Kinder von etwas zu überzeugen, was sie gerade nicht essen wollen, dann wird »gesund« zum Codewort für »schmeckt nicht«.

3 **»Kannst du nicht mit geschlossenem Mund kauen oder willst du einfach nur nicht?«**
Kann man darauf überhaupt sinnvoll antworten? Man muss wollen? Die Erwachsenen nutzen hier ihre Macht, Kinder oder Jugendliche bloßzustellen. Und natürlich ist es keine Frage, sondern eine heftige Kränkung: Du bist entweder unfähig oder willst mich ärgern.

4 **»Probieren ist Pflicht!«**
Quatsch. Kinder können genauso wie Erwachsene entscheiden, ob sie etwas probieren wollen oder nicht. Alle dürfen, niemand muss. Die Probierpflicht ist ein Überbleibsel aus den alten Telleraufesszeiten. Die Eltern heute wissen inzwischen, dass es nicht guttut, Kinder zum Aufessen zu zwingen. Aber probieren? Das ist irgendwie hängen geblieben. Damit wähnen sich viele auf der richtigen Seite. Aber es stimmt nicht, dass man Kinder zu ihrem Geschmacksglück zwingen muss oder kann.

5 **»Dann kann ich dir nicht mehr vertrauen.«**
Man könnte diesen Satz einen moralischen Fehlschluss nennen. Ausgangspunkt ist eine Erwartung, die nicht erfüllt wird. Ausgemacht etwa – ganz harmlos – war Essen um sieben, das Kind kommt um halb acht: ganz lange Elterngesichter. Statt über eine Vereinbarung, die nicht eingehalten wurde, oder über eine Erwartung, die nicht erfüllt wurde, sprechen die Eltern jetzt aber – und das ist ein weit verbreiteter Fehlschluss – plötzlich von Vertrauen. Sie moralisieren. Sie sind nicht sauer, sie sind enttäuscht. Das ist schlicht die falsche Kategorie. Dem Kind zu vertrauen, bedeutet: Ich als Elternteil vertraue darauf, dass mein Kind sein Bestes tut. »Es ist nicht früher möglich gewesen.« Darüber kann ich mich ärgern. Das Moralische sollte ich aber rauslassen. Vertrauen

wird geschenkt und nicht verdient. Sein Bestes zu tun, heißt nicht, es so zu machen, wie der andere es will oder erwartet.

6 »Wie oft muss ich dir das noch sagen?«

Bitte nicht öfter als dreimal. Absolutes Maximum. Spätestens dann sollten Eltern Bescheid wissen: Sie sind nicht in Verbindung, ihre Worte kommen nicht an. Wenn Erwachsene davon sprechen, dass Kinder nicht hören, meinen sie damit, dass die Kinder nicht gehorchen. Wie wunderbar, dass Kinder dies nicht mehr selbstverständlich tun! Damit würden sie jedes Mal wieder einen Teil von sich selbst aufgeben.

7 »Nachtisch gibt's nachher!«

Achtung: Nachtisch schmeckt auch vorneweg! Oder – wer's mag – auch mit dem anderen Essen zusammen. An vielen Familientischen müssen sich Kinder den Nachtisch erst verdienen, indem sie vorher was Ordentliches essen. Was als ordentlich gilt, bestimmen dabei die Eltern. Wichtig: Die Allgemeingültigkeit der Aussage muss vom Tisch. Genauso, wie es die Entscheidung der Eltern ist, dass ihre Kinder vor dem Essen die Kekspackung im Schrank lassen, können sie das Essen in genau der Reihenfolge auf den Tisch stellen, die sie sich wünschen. Dass der Nachtisch am Schluss kommt, ist kein Naturgesetz.

8 »Du hast exakt das Gleiche auf dem Teller wie dein Bruder.«

Kinder sind keine Kontrollfanatiker. »Alle haben genau das Gleiche«, hören Kinder als unschlagbares Argument, wenn Eltern fürchten, eins der Kinder beschwert sich über seine Portion. Damit fühlen sich Erwachsene auf der sicheren Seite. Aber wenn alle das Gleiche bekommen, bekommt niemand, was er braucht. Unzufriedenheit und Protest von Geschwistern über Ungerechtigkeit beim Essen oder anderem sollten Eltern unbedingt ernst nehmen und aufgreifen. Aber nicht, indem sie die Portionen öffentlich abwiegen, sondern gut hinhören, was dahinter liegt, und Interesse haben herauszufinden, wie es den Einzelnen in der Familie geht.

9 »Du kannst ruhig mal mithelfen.«

Der Satz transportiert viel Ungesagtes und kränkt. Kinder wollen mitmachen. Sie wollen sich für die Gemeinschaft wertvoll fühlen und ihren Beitrag leisten. Sich an den Hausarbeiten zu beteiligen, macht nicht unbedingt Spaß, aber gehört zum Zusammenleben. Wie Kinder mitarbeiten oder nicht, hängt stark von der Grundeinstellung der Eltern ab. »Freiwillig tut hier eh niemand was« – eine solche Einstellung verändert den ganzen Workflow. Im Alltag heißt das für Eltern dann: Anweisungen geben, Durchführungen kontrollieren. Und dem entziehen sich alle, so gut sie können.

10 »So blamierst du dich.«

Kein Elternteil will, dass das eigene Kind ausgelacht wird. Es soll sich sicher fühlen und sich auch unter fremden Leuten zu benehmen wissen, sodass es gerade so viel und mit dem auffällt, was es selbst will. Dafür brauchen Kinder das Vertrauen und Zutrauen ihrer Eltern, damit sie Situationen, die schwierig für sie sind – und die wird es immer geben – auf ihre eigene Art meistern können. Der Satz »So blamierst du dich« hilft dabei überhaupt nicht. Er wird eher zu einer sich selbst erfüllenden Prophezeiung.

11 »Heute geht es aber früher ins Bett.«

Gähnen ist für Kinder riskant. Es ist wie der erste Dominostein, als Nächstes fällt: »War wieder zu lang gestern.« Große Elternsorge. »Heute machst du dich früher fertig.« Die Gähnenmüde-Bett-Schiene ist wie ein Reflex bei Eltern. Genauso wie die Abwehrhaltung der Kinder: »Neeeiiiin, nicht müde! Neeeiiiin ...« Bis alle Dominosteine umgefallen sind. Eltern können ausprobieren, was passiert, wenn sie einfach mal nur ihre Wahrnehmung aussprechen: »Du bist müde, oder?«, und es – und das ist entscheidend – dabei belassen. Dann kommt vielleicht nach einer Weile die Antwort: »Ja, stimmt.«

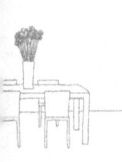

Was sind perfekte Eltern?
Die Hölle. Wie wir mit unseren eigenen Fehlern umgehen dürfen

Wer perfekt ist, also wirklich rundum perfekt, ohne das kleinste Quäntchen Makel, der braucht nur noch eins: Hilfe. So könnte man es vorweg zusammenfassen. Und genau das, nämlich Hilfe, bietet der Familientisch. Aber dazu später. Denn zunächst ist der Familientisch mit seiner täglichen Wiederholung, mit den Routinen, mit den Stellschrauben natürlich anfällig für all unser »Morgen schaff ich das noch ein bisschen besser«. Da wird arrangiert, geschmückt, festlich gedeckt. Da wird auf den Punkt gekocht, Textur, *al dente*, umami – alles in der Einzigartigkeit des Superlativs. Da werden Regeln über Jahre verfeinert: Sitzordnung, Timing, Ablauf, »in dreieinhalb Minuten gibt es Essen!«. Der Perfektionismus ist ein selbst bestärkendes, gefräßiges, nimmersattes System: Perfektion kennt kein fertig, ist unerfüllbar, nie makellos genug. Für andere kann es noch so ideal, bestens, quasi perfekt scheinen, der eigene Richter macht die Augen schmal, legt den Kopf ein wenig schief: »Mag sein, aber ...« Er ist unerbittlich, ein Fass ohne Boden.

Nehmen wir Vanillekipferl, als argloses Minibeispiel: klein und doch so, dass sie genau den ganzen Gaumen bespielen, makellos lachmundgebogen, blechweise identisch, an den Spitzen sandbraun, im Buckel zitronenfaltergelb. Hat noch irgendjemand Lust mitzubacken? Kinder werden es wahrscheinlich trotzdem probieren, nach Kräften quetschen, knödeln, kneten. »Schau mal, Mama! Gut so?« – »Hm, die kann man ja dann an den Rand legen ...« Das Kind wird das Level nie erreichen, wird immer nur die Fehler gezeigt bekommen. Wenn es Glück hat, verliert es schnell die Lust. Es wird vielleicht ein, zwei Spleens davon übernehmen: »Heute bin ich erst irritiert und dann amüsiert, wenn die anderen in der WG die Plätzchen nicht akkurat aufs Blech legen ... Ich weiß ja, von wem ich's habe.«

Vielleicht sind Vanillekipferl klein und harmlos genug, um sich mit den heftigen Auswirkungen konfrontieren zu können. Aber wir sollten wissen, für Kinder, deren Eltern denken, perfekt sein zu müssen, wird das Leben schwierig. In einem vermeintlich perfekten Umfeld sind alle Beteiligten ständig ungenügend, fehlerhaft, falsch. Das ist ein mieses Grundgefühl fürs Leben. In der Familie wird dieses Grundgefühl am intensivsten geprägt. Scheinbar makel- und fehlerlose Eltern sind glatt. Da gibt es kein Festhalten, keine Ecken, keine Ösen, nichts zum Einhaken, alles glatt, perfekt, kühl. Kinder kommen da nicht ran, und zwar sowohl auf der Leistungsebene wie auf der Gefühlsebene. Sie fühlen sich oft allein. Denn wenn Kinder an ihre Eltern nicht rankommen, dann schreiben sie sich das selbst zu. Als Drei-, Fünf-, Zehn- oder Dreizehnjährige kann ich nicht sagen: »Meine Eltern haben leider diese Perfektionsmacke. Deswegen fühle ich mich oft so allein. Aber das liegt nicht an mir. Das ist der Spleen meiner Eltern. Die denken, ich würde mich nicht genug anstrengen, mir nicht genug Mühe geben. Aber ich schaff das einfach nicht.« Leider können das Kinder so nicht sagen.

Sie reagieren auf zwei verschiedene Weisen. Die einen kopieren ihre Eltern, strengen sich wahnsinnig an und eifern diesem Perfektionismus nach. Mädchen sind da heute noch einen Tick anfälliger als Jungen. Die anderen übernehmen den Teil, der den Eltern fehlt. Sie lassen dann alle Fünfe gerade sein, lassen sich Zeit und gehen, erledigen nicht alle Aufgaben, wirken schludrig. Sie kopieren spiegelverkehrt das Leben der Eltern. Beide erfüllen jeweils verschiedene Seiten einer Medaille. Beide orientieren sich am Leben und Sein der Eltern, und beide werden von den Eltern als nicht genügend betrachtet. Das eine Kind bemüht sich, aber es reicht halt nicht, und das andere ist dann das Sorgenkind. Es sind oft diese Sorgenkinder, die Eltern dazu bringen, sich Hilfe zu holen. Hilfe braucht dann aber die ganze Familie, und nicht das eine Kind allein.

Perfektionismus lässt keine Entwicklung zu. An einem perfekten Vorbild kann man nichts lernen, weil da immer alles richtig ist und richtig sein muss. Da darf man sich nichts erarbeiten, nichts ausprobieren, scheitern, neu probieren, wieder scheitern. Man muss die Vanillekipferl eigentlich schon von Anfang an perfekt hinkriegen: die Spitzen sandbraun, im Buckel zitronenfaltergelb.

In Fehlern sieht der Perfektionist nichts als Makel. Sie müssen sofort ausgemerzt werden. Am besten wäre es, wenn man alles, bevor man es anfängt, bereits kann. Es ist wie ein Briefmarkensammler, der sagt: Ich sammele nur Doppelte, nur Briefmarken, die ich schon habe. Das ist eine Sammlung, die sich auf den Anfangszustand beschränkt. Wenn ich nur mache, was ich kann, lerne ich nichts dazu. »Today I was bad. And tomorrow I will be worse«, sagte Philippe Gaulier, Schauspiellehrer, Clown und Bouffon. Es ist ein guter Vorsatz für alle, die besser werden wollen.

Familien sind heute stark unter Druck. Die Eltern sollen im Job vorankommen, die Kinder gut in der Früh versorgen, Instrument, extra Fremdsprache, Pipapo. Und die letzten Stunden am Abend: ein glückliches Familienleben, jetzt aber echt. Das ist viel! Eine Reaktion auf Druck ist oft mehr Perfektionismus. Dieses Esdoch-irgendwie-schaffen-zu-Wollen. Es ist fast wie eine Trotzbewegung. Auf Druck reagiert man mit noch mehr Druck.

Der Treibstoff hinter Perfektionismus – und das wird vielleicht manche überraschen – ist Scham. Das ist verzwickt, weil Scham ganz tiefe Schichten erreicht, an die man schwer rankommt. Scham lässt sich nicht wegargumentieren, sie kriecht unter das Rationale. Scham ist dabei mehr als ein Gefühl, sie nimmt einen komplett ein. Sich Scham einzugestehen, ist verdammt schwierig, sich zu schämen, ist nämlich selbst schambesetzt. Jahrhundertelang wurde in der Erziehung mit Scham gearbeitet. Kinder wurden in die Ecke gestellt, es wurde mit Fingern auf sie gezeigt. »Da lachen ja die anderen.« »So was tut man nicht!« »Du solltest dich schämen!«

Die Perfektionisten von heute haben meist als Kinder viel unter Beschämung gelitten. Sie versuchen diesem Gefühl durch Fleißigsein, durch viel Arbeiten, durch Perfektsein zu entkommen. Das ist der Versuch, keine Angriffsfläche zu bieten, sich zu schützen, sicher zu sein. Scham und Perfektionismus hängen direkt miteinander zusammen. Weniger Perfektsein verringert auch die Scham – und umgekehrt.

So schwer es ist, über die eigene Scham zu sprechen, kann genau das der erste Schritt sein, um sie schrumpfen zu lassen. »Das ist mir jetzt peinlich, nein, es ist mir mehr als peinlich.«

So furchtbar perfekte Eltern sind, so wenig gelingt Perfektion tatsächlich im Familienalltag. Das Saftglas fällt, die Bratkartoffeln verbrennen, das Essen schmeckt nach nichts, der Bruder ist schlecht drauf: Der Alltag setzt sich zusammen aus lauter Unperfektem. Wie wunderbar! Er besteht maximal aus gut genug, so viel wie nötig, gerade mal so geschafft, auf morgen verschoben, beim nächsten Mal wird es vielleicht besser, jetzt lege ich mal die Beine hoch, zu müde. Und genau dieses Unperfekte macht ihn lebbar, menschlich, wohlig. Die Frage ist nicht, ob oder wie ein perfekter Familienalltag gelingen kann. Die Frage ist vielmehr, wie sehr die Eltern darunter leiden, dass er es nicht ist. Wie sehr verurteilen sie sich dafür?

Das Leiden der Eltern wird oft nicht so sichtbar, weil sich dieses Es-gut-machen-Wollen, dieses Es-noch-irgendwie-gewuppt-Kriegen wie Schminke drüberlegt. Aber sie leiden. Es sind dann oft die Kinder, die das sichtbar machen. Und da sind Kinder eine echte Hilfe. Nur: Sie bieten ihre Hilfe über Bande an. Sie spiegeln das Schlechtgehen der Erwachsenen. Sind die Eltern bereit, genauer hinzuschauen?

Es gibt den Muttertag und es gibt den Vatertag. Ich bin dafür, einen neuen Familienfeiertag einzuführen: den Tag der verkackten guten Vorsätze.

Benehmen und annehmen
Familie auf dem Präsentierteller

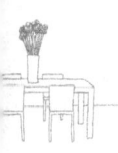

Der Feiertagsschmaus
Lust und Frust am Übertreiben

Festtage schlagen in uns Menschen, egal ob groß oder klein, eine besondere Saite an: Es ist die Lust, aus dem Vollen zu schöpfen. Wir kommen ins Schlemmen und Schwelgen, ins Vorfreuen und Prassen, ins Reich der Stoffservietten. Es geht um Wonne pur, um das innere Leuchten, um Festlichkeit. Es wird Ausnahmestimmung verbreitet, Niveau ist nicht nur erlaubt, sondern gefordert. »Gönn dir«, würden Jugendliche sagen. Von kleinen Festen im Familienkreis bis Großveranstaltungen mit Verwandtschaft und Freunden, je nach Geselligkeit der Familien.

Was dieses Volle dann wiederum im Einzelnen sein soll, ist natürlich bei jedem unterschiedlich. Wie viel Brauch, Tradition und Zeremonie vertragen Feiertage? Ist der Braten noch zeitgemäß? Wie viele Gäste sollen kommen und vor allem welche, nur Verwandtschaft oder auch Freunde? Wie viel Überraschung, wie viel Spiel, wie viel Bleigießen braucht so ein Abend? Aber eines ist klar: Das allermeiste von diesem Saus und Braus landet auf dem Esstisch und rundherum.

Der Festtag soll sich abheben vom Alltag. Das Kochen wird aufwendiger. Die Speisen ausgesuchter, raffinierter. Alles soll besonders sein. Der Tisch wird geschmückt. Teller, Kleidung, Vorspeise – alles bekommt eine große Feierlichkeit. Die Erwartungen, auch die stillschweigenden, sind riesig. Das Feld wird aufgespannt zwischen sich etwas Gutes tun und der Überfrachtung erliegen, zwischen Vorfreude und Unerfüllbarkeit. Und je höher die Erwartungen sind, desto größer ist die Chance, danebenzuliegen.

Kinder saugen die Atmosphäre auf, die in diesem ganzen Vorbereitungsgewusel herrscht. Ist das eine freudige, lustvolle Emsigkeit? Ist da eine feine Anspannung, bei der alle irgendwie ihren Job haben, jeder irgendwas am besten kann? Oder ist das Ganze schon gekippt ins Unangenehme? Wenn Gewusel zum Gestresse wird, wenn die Luft dünn wird, sich Perfektionismus verselbstständigt und jedes kleine Nicht-ganz-so-wie-gedacht als Scheitern verbucht wird, verbreitet sich eine Stimmung, die Angst macht und ansteckt. Das wirkt sich auf alle aus, auch auf die anderen Erwachsenen, am meisten aber auf die Kinder.

Hier muss jeder seine eigenen Erfahrungen machen, um sich selbst kennenzulernen. Bin ich ein Feststresser? Wer ein paar Mal Feste ausgerichtet hat und hinterher am Boden zerstört war, weil er oder sie sich selbst so massiv kritisiert oder Krach gekriegt hat mit Kindern, Partner oder Partnerin, dem würde ich empfehlen, da in einem ruhigen Moment darauf rumzudenken: »Ich habe mich drauf gefreut. Aber jetzt war es wieder so ein Desaster. Was passiert da eigentlich?«

Große Feste finden nicht so häufig statt. Gerade schmerzhafte Erinnerungen haben die Tendenz, sich zu verdünnisieren. Wir vergessen einfach wahnsinnig schnell. Und dann versickert das. Was aber fehlt, ist die Klärung, was da eigentlich los war und wie man es das das nächste Mal anders machen kann. Und wenn es an die nächste Vorbereitung geht, schiebt man den Ärger in der Erinnerung vielleicht auf den anderen. Es ist immer schwierig auszuhalten, dass man selbst es vielleicht war, der die miese Atmosphäre provoziert hat. Unser Gehirn ist da absolut parteiisch.

Wir kleben an den positiven Erinnerungen, haben das Foto vor Augen, auf dem alle grinsen, machen es zur Messlatte fürs nächste Mal. Leider sind wir Erwachsene anders, als wir es vielleicht erwarten würden, nicht sonderlich lernfähig. Wir neigen dazu, Ärgernisse und Missgriffe zu wiederholen, sogar häufig zu wiederholen, bis wir bereit sind, uns zu ändern. Aber es gibt keine Alternative dazu. Der Weg ist, sich selbst und den anderen zuzuhören. Die bitteren Erinnerungen nicht abzutun im Stil von »Na ja, da war ich einfach gestresst. Das müsst ihr schon verstehen, weil da war ja auch extra viel zu tun, und ihr habt da schon auch euern Teil beigetragen. Wer hat denn am Morgen so lange geschlafen?« Weiter komme ich, wenn ich mich ehrlich befrage: Was ist es eigentlich, was mich da so aus der Fassung bringt?

Gerade Kinder können da gute, direkte Rückmeldungen geben. »Du wirst dann immer so pingelig, dann muss alles genau so sein, wie du es willst. Dann macht es mir keinen Spaß, mit dir zusammen zu kochen.« »Ich helfe ja gern mit, aber ich will nicht angeschnauzt werden.« »Können wir beim nächsten Mal was kochen, was nicht so kompliziert ist?« »Wenn du in Stress kommst, machst du alles ungemütlich.«

Wie schön wäre es, wenn wir zu mehr Festtagsehrlichkeit kämen. Das kann eine große Erleichterung sein, wenn eine Mama vorab sagt: »Ich mag die Feste und gleichzeitig weiß ich: Es ist saumäßig anstrengend, und irgendein Krach kommt garantiert. Aber ich will das trotzdem machen.« Vor allem Kinder können da durchatmen. Es tut gut, wenn die Eltern über die eigenen Befürchtungen sprechen und nicht darüber, was die anderen alles Schlimmes machen könnten. Es tut gut, wenn sie die Befürchtungen wirklich bei sich belassen. »Ich habe Angst, dass das Essen nicht gut genug schmeckt, dass es mir nicht gelingt, das zeitlich gut zu koordinieren, dass ich etwas vergesse ...«

Zur Festtagsehrlichkeit gehört auch: Wie viele meiner Erwartungen, die ich oft in die anderen hineinprojiziere, sind einfach meine Befürchtungen? Welche Unterstützung kann ich mir im Vorfeld holen? Wer kann mir dabei helfen? Vielleicht merke ich auch: Das, was ich mir da vornehme, ist einfach brutal zu viel, und ich muss irgendwie Abstriche machen. Bei so einer Besprechung kann schon auch mal vorkommen: »Wenn ihr dann streitet, weiß ich nicht, ob es mir gelingt, nicht blöd drauf einzusteigen.« Die Frage dahinter ist: Wie kann ich Formulierungen finden, die den anderen nicht schuldig machen, die zeigen, das liegt an meiner Sondersituation.

Zur Festtagsehrlichkeit gehört auch, dass es eine Wunschrunde geben sollte: Was ist jedem wichtig an den kommenden Festtagen? Eltern erfahren dann von ihren Kindern, was ihnen vielleicht gar nicht so klar war. »Ihr sagt dann immer, wir spielen jetzt gleich, aber das *gleich* dauert dann noch Stunden.« »So ein Fest mit Gästen ist irgendwie schon gut, aber mir ist dann oft auch langweilig am Tisch, wenn ihr alle redet. Ich will dann auch ein anderes Kind dazu einladen.« »Ihr braucht immer so ewig, wenn eigentlich schon jeder fertig ist und wir endlich den Nachtisch haben wollen.« Und umgekehrt hören die Kinder, was Vater oder Mutter daran wichtig ist.

Entscheidend ist, dass es wirkliche Wünsche sind und keine Forderungen. Wenn ich mir wünsche, dass es schön sein soll, dann ist das ausgesprochen eine Erwartung an die anderen. Sie sollen es mir schön machen. Stattdessen: Ein machbares Vorhaben formulieren, das ich mir selbst vornehmen kann. »Ich freue mich so auf das Essen/das Puzzlen/den gemeinsamen Film zusammen.« Also kleine Happen machen und nicht der ganzen Familie eine Stimmungserwartung auferlegen.

Erwachsene sind oft überraschend schlecht im Wünschen. Da kommt dann so was wie »Ich wünsche mir dieses Jahr nur eins:

dass ihr euch nicht streitet«. Als ob Menschen planen könnten, über Tage gut gelaunt zu sein. Kinder streiten nicht, weil sie Lust haben zu streiten und weil sie den Eltern das Leben schwer machen wollen. Kinder leben im Jetzt. Diese Schön-brav-sein-Erwartungshaltung kommt als Anklage bei ihnen an. Es ist eine negative Erwartung. Ich sehe es schon kommen, ihr werdet euch danebenbenehmen!

Ja nicht streiten, brav sein – das klingt nach einem Wunsch aus Omazeiten. So falsch ist das nicht. Oft reproduziert sich das, was man als Kind selbst gehört und sich tief drin festgesetzt hat, gerade in exponierten Momenten: »Macht mir das nicht kaputt!« Da wird den Kindern etwas aufgebürdet, was sie einfach nicht schultern können. Es ist die Zuständigkeit der Eltern, einen Rahmen für das Fest zu organisieren, in dem sie selbst und die Kinder sich wohlfühlen.

Eltern können vorab mit Kindern Exitstrategien besprechen: Welche Auswege können wir vereinbaren für den Fall, dass das Kind merkt, es wird gerade zu viel? Vielleicht können Eltern und Kind verabreden: »Ich schaue ab und an zu dir. Wenn ich dran denke, in meinem Stress, und dann kann ich vielleicht sehen, ob es für dich grad noch geht oder ob du irgendwie Hilfe brauchst.« Oder: »Wenn es dir zu langweilig wird am Tisch, dann kannst du aufstehen. Und wenn du wegen irgendwas unsicher bist, dann komm kurz zu mir, und dann können wir das besprechen.«

Beim großen Festessen mit Onkel und Tante oder den Schwiegereltern, wenn Mama und Papa in Anspannung sind, dann haben auch die Kinder weniger Orientierung. Sie übernehmen zum Teil die Anspannung, können aber nicht so selbstverständlich an die Eltern ran wie sonst. Und das – zwischen all den hohen Erwartungen – ist anstrengend für Kinder.

Was hieße denn, aus dem Vollen zu schöpfen, wenn man die Kinder fragen würde? Vielleicht mehr Freiraum? Man könnte gemeinsam überlegen, ob und wann und wer vielleicht Lust hat zu spielen. Oder eben klar ankündigen, dass die Erwachsenen nur essen und reden wollen. Es hilft Kindern sehr zu wissen, was da kommt und was nicht. Wenn Eltern so etwas vorher mitdenken, dann haben Kinder auch die Chance zu entscheiden: Was gefällt mir hier? Vielleicht finde ich es ja auch ganz schick, mit am Tisch zu sitzen? Oder macht es mir Spaß, da eine Zeit lang zuzuhören? Wenn dieses Benimm-dich-ja-ordentlich wegfällt, dann haben Kinder auch die Freiheit, sich – wenn man so will – ordentlich zu benehmen.

Schlürfst du etwa?
Und schmatzen, rülpsen, kleckern kann ich auch!

Es gehört zu den großen Überraschungen des Elternseins, unerwartet, fast überrumpelnd.

Ort: Der Türrahmen zu einer fremden Wohnung. Drinnen, der Sohn mit einem neuen Freund.

Zeit: Abends, beim Abholen, schon ein bisschen zu spät: »Danke, ich komme jetzt nicht rein, wir müssen wirklich gleich wieder los.«

Es zieht sich, der Sohn muss noch »unbedingt was holen«, taucht erst mal nicht wieder auf. Man steht da, smalltalked mit der Mutter vor sich hin. »Was ich dir noch unbedingt sagen wollte«, sagt sie auf einmal: »So vorbildlich, dein Sohn. Wahnsinn! Der hat eine Serviette benutzt – und den Tisch abgedeckt, von selbst! Also wenn ich da meine Kinder anschaue ...«

Natürlich kann man da jetzt erst mal 65 Prozent davon abziehen und als besondere Volte im unguten Elternsport »Wer sind die besten Eltern im ganzen Lande?« verbuchen. *Fishing for compliments* bedeutet eben manchmal auch, Komplimente zu verteilen. Und trotzdem denkt man: »Spricht die ernsthaft von meinem Sohn? Der, der gern mal mit einer Pobacke auf dem Stuhl sitzt. Als könnte etwas extrem Wichtiges schnelles Aufspringen erfordern ... Der, der so komisch glucksende Geräusche beim Trinken macht, als ob während des Trinkvorgangs durch den Mund geatmet würde. Und der gern mal einen ganzen Bissen in den Schoß fallen lässt.« – »Papa, relax! Die Hose war eh schon dreckig.«

Man kann das als große Erleichterung verbuchen: Eltern können darauf vertrauen, dass sich ihre Kinder an ihrer Umgebung orientieren. Es gibt überall andere Spielregeln. Sind Kinder unsicher, werden sie eher eine Schippe Etikette draufpacken, sicher ist sicher. Manieren haben etwas Ritterrüstungshaftes. Sie schützen einen auf unsicherem Terrain. Das erste Mal woanders essen bringt immer eine kleine Steifheit mit sich. Nach welchen Spielregeln wird hier gegessen? Was geht und was geht nicht? Und klar, in Ritterrüstung, mit der Anspannung im Rücken wird es vielleicht schwieriger mit dem Genießen, dafür ist man bei den Formen sattelfest.

Es soll hier um Rülpsen und Schmatzen gehen, darum, mit offenem Mund zu kauen, um Kleckern und Schlürfen, darum, mit den Fingern den Teller leer zu schlecken oder direkt mit der Zunge, um Salatreste im Mundwinkel und Kakaoschnute, um Hochziehen statt Schnäuzen, vulgo Rückwärtsrotzeln. Am Tisch hilft es wirklich enorm, vom Erziehungsauftrag wegzukommen hin zu: Es gibt Spielregeln, und die können wir gern vorab ein wenig klären. Was geht, wenn wir zu Hause miteinander essen, wie ist es mit Freunden? Beim Nachbarn gibt es andere Spielregeln als im Restaurant mit Stoffservietten. Beim Weihnachtsessen mit Oma andere als in der Schulmensa. Vielleicht können diese Zeilen vorweg den Eltern helfen, eine kritische Durchsicht der eigenen Spielregeln zu erleichtern. Denn die Kehrseite der Ritterrüstung bedeutet: Ohne Druck, es genau richtig machen zu müssen, ist es einfacher zu genießen. Und so eine sichere Umgebung darf der Familientisch zu Hause sein. Und er sollte es.

Das Gegenstück zu allgemeinen Benimmregeln ist nicht das totale Tohuwabohu. Eine Familie sucht die Façon, die zu ihr passt. Das meiste entwickeln die Erwachsenen intuitiv und finden als Paar und als Eltern ihren gemeinsamen Stil. Da, wo es nicht von selbst läuft, helfen Konflikte weiter. »Ich will nicht, dass alle einzeln vom Tisch weglaufen. Das hat sich so eingeschlichen und ist super ungemütlich. Gestern gab's deswegen Krach.« Eltern dürfen davon ausgehen, dass ihre Kinder sich am Tisch so gut benehmen, wie es ihnen möglich ist. Das ist eine Mischung aus dem, wie sie es sich von den Erwachsenen bisher abschauen konnten, und ihrer momentanen Tagesverfassung. Da kommt es natürlich auch vor, dass der Sohn müde ist. Der Löffel geht dann nicht zum Mund, sondern der Mund zum Löffel. Vielleicht sitzt die Tochter mit extrem schlechter Laune am Tisch und hat keine Kapazitäten frei für gepflegtes Essen.

Die Eltern wissen, dass die Kinder nicht den Esstisch torpedieren wollen oder vergessen haben, wie man sich benimmt. Beide zeigen lediglich, wie es ihnen geht. Und beide haben vielleicht auch schon öfter erlebt, dass ihre Eltern sich dann nicht mit Löffelbelehrungen oder Ähnlichem aufhalten, sondern sich tatsächlich dafür interessieren, was dahintersteckt. Vielleicht kann sich der müde Kandidat beim Vater anlehnen, damit er das Essen noch schafft. Und die Tochter will vielleicht ein bisschen Dampf ablassen oder braucht Pause von der Familie. Kinder, die von den Erwachsenen ernst genommen werden und von ihnen verstanden werden wollen, statt mit Zurechtweisungen gemaßregelt zu werden, sind auch verständnisvoll, wenn die Eltern mal gestresst sind und rumknatschen.

Eltern sollten sich zunächst selbst einmal befragen, welche Tischregeln wirklich wichtig für sie sind. Wo entscheidet sich etwas für mich? Welche Dinge habe ich vielleicht unhinterfragt aus der eigenen Kindheit kopiert? Und welche davon vertrete ich einfach im Sinne einer allgemeinen Tischmanieren-Grundausbildung? Damit das Kind sich anderswo so unauffällig benehmen kann, wie es will? Wie viel vom eigenen Familienessen opfere ich einem Benimmtraining für Restaurant und Freundeseinladungen?

Man kann ja einfach mal Restaurant spielen. Was gehört da dazu? Serviette auf den Schoß legen, Besteck von außen nach innen benutzen, nicht laut nach dem Kellner rufen ... Das ist ja keine Raketenwissenschaft. Aber jeder Gast hat ein Recht darauf, dass der Restaurantrahmen einigermaßen stimmt. Ja, wahrscheinlich wird es ein wenig lauter mit einer Familie am Nebentisch. Nein, Wickeln auf oder neben dem Restauranttisch ist nicht okay. Restaurantspielen ist dann kein spielerisches Lernen, sondern tatsächliches Spielen. Und dann wird danach geschaut, wie es in der Realität aussieht. Spielerisch beibringen hat in der Familie nichts verloren. Da fehlt das Echte, man schmeckt die versteckte Agenda durch.

Der Restaurantbesuch ist in vielen Familien ein heikles Thema. Die Perspektiven von Erwachsenen und Kindern sind sehr unterschiedlich. Eltern freuen sich auf den Luxus. Sie werden bedient, dürfen auswählen, lernen neue Gerichte kennen, ein Aperitif vorweg! Sie können sich zurücklehnen, kein Kochen, kein Abspülen, haben Lust, die Zeit mit ihren Kindern zu genießen. Man kann davon ausgehen, dass es für Kinder, mindestens bis zum Schulalter, nach der ersten kurzen Aufregung in der ungewohnten und neuen Umgebung vor allem eins ist: langweilig. Sie müssen am Tisch sitzen, leise sprechen und warten, obwohl das Essen noch gar nicht da ist. Sie haben keine Rückzugsmöglichkeit, kein Ausweichen, sind der andauernden Aufmerksamkeit der Eltern ausgesetzt. Sie *müssen* auswählen, sollen wissen, was sie wollen.

Hier sind die Eltern gefragt, auch jenseits der Karte Ideen zu entwickeln: Gibt es Spaghetti pur? Kloß mit Soß? Zur Not einfach einen Räuberteller.

Eltern tun gut daran, das mitzunehmen, was ihrem Kind über Durststrecken hilft. Malzeug oder Kopfhörer fürs Hörbuch, Knobelspiel oder Tablet. So ein Restaurantbesuch kann sich für Kinder verdammt lang hinziehen. Es gibt immer mal Eltern, die über ihre Kinder sagen: »Mit denen kann ich einfach überall hingehen. Als sie klein waren, sind sie einfach eingeschlafen, später haben sie immer was gefunden, wie sie sich beschäftigen konnten. Ich habe mein Kind bei Småland nie früher abholen müssen.« Andere Eltern hören da ein bisschen neidisch zu: »Für unseren Sohn und unsere Tochter war zu Hause der beste Ort, zum Schlafen und zum Essen.« Eltern kennen ihre Kinder am besten. Sie wissen, was sie ihnen zutrauen und auch zumuten können. Welches Restaurant passt zu uns? Und wohin gehen wir lieber allein?

Für das eigene Familienessen ist es gar nicht so einfach zu entscheiden: Worauf lege ich wirklich Wert und was wäre vielleicht ganz schön? Das ändert sich im Laufe der Zeit und manchmal sogar von Tag zu Tag. Was erwarte ich von den Kindern und was passt für sie? Wie schaffe ich es, gut für mich zu sorgen? Familien sind unterschiedlich. Was ist mir wichtig und was glaube ich, was anderen wichtig ist? Vielleicht stimmt das gar nicht? Und dann geht es darum, als Erwachsene den Rahmen zu eröffnen. Ich, Papa, oder ich, Mama, wünsche mir für unsere Familie dies und jenes. Es ist für mich zum Beispiel schwierig, wenn ein Kind mit offenem Mund isst. Gut, wenn ich es als meine Schwierigkeit formulieren kann: »Tut mir leid, aber ich bin da empfindlich. Warum ich so bin, weiß ich nicht. Vielleicht wurde mir das so eingebläut? Aber ich kann da momentan nicht anders.«

Die entscheidende Frage ist: Finde ich Worte, die mich ausdrücken und nicht den anderen in den Mittelpunkt stellen, »weil du so bist ...«. Kann ich sagen, »weil ich so bin«? Das hat große Vorbildwirkung für die Kinder. Sie werden respektiert. Sie werden weder belächelt noch lächerlich gemacht, ihre Wünsche, Gefühle sind genauso wichtig wie die der Erwachsenen, ohne dass sie notwendigerweise in Erfüllung gehen müssen. Dann ist es auch möglich, dass alle sich gegenseitig ansprechen: »Mama, bitte, der Zucker in deinem Kaffee ist schon lange verrührt.« »Papa, das Quietschen mit dem Messer auf deinem Teller geht heute für mich gar nicht.« »Kannst du dir bitte mir zuliebe die Nase schnäuzen? Danke dir.« Und wenn Gäste da sind, kommen die Hinweise so dezent, dass sie niemanden beschämen.

Spätestens Kinder im jugendlichen Alter spiegeln den Eltern ihr Verhalten. Wenn Eltern anklagende Sätze und den scharfen Ton der Tochter oder des Sohnes als ihren eigenen wiedererkennen, ist es ein Geschenk, wenn sie das reflektieren können. »Ich glaube, so habe ich oft mit dir gesprochen, stimmt das?

Einer Mutter in meiner Beratung wird schlecht, wenn in ihrer Umgebung Kaugummi gekaut wird. Sie spürt richtig körperliche Übelkeit. Sie hat alles Mögliche untersucht, bis hin dazu, ob es mit einer Missbrauchserfahrung zusammenhängen könnte, konnte aber nichts herausfinden, was ihr Unwohlsein geändert hätte. Sie hat zwei heranwachsende Töchter, die natürlich Kaugummi kauen. Mit denen lag sie im Clinch. Ständig hat sie rumkritisiert: »Ich kann das nicht leiden, dieses Geknatsche.« »Nicht schon wieder Kaugummi!« »Immer müsst ihr ...«

Bis sie sich eines Tages mit der Familie hingesetzt hat. Anderes Setting, anderer Ton: »Ich habe diese Einschränkung, mir wird da wirklich übel. Ich weiß nicht genau warum. Ich will euch nicht einschränken, aber wenn jemand in meiner Nähe Kaugummi kaut, geht es mir richtig schlecht.« Seitdem merken die Kinder das selbst, entschuldigen sich, gehen wieder raus. Sie dürfen ihren Kaugummi kauen, wann immer sie wollen. Aber sie wissen jetzt, wenn sie in der Nähe der Mutter sind, dann geht es ihr nicht gut damit. Die Mutter hat sich erlaubt zu sagen: »So bin ich. Das ist meins.« Und dann ist es viel leichter, Rücksicht zu nehmen. So fühlt sich niemand mehr falsch in ihrer Umgebung.

Früher hatten wir den Familienpatriarchen, der durfte zwischen den Zähnen rumpuhlen, rülpsen und furzen – und niemand sonst. Das ist zum Glück schon lang nicht mehr so. Aber was sich noch nicht geändert hat, ist, dass sich Erwachsene ungern outen. Etwa mit diesen Worten: »So bin ich. Lautes Schlürfen ist für mich sehr unangenehm. Ich kann bis heute nicht sagen warum. Das Geräusch ist für mich so ein bisschen wie Kreidequietschen an der Tafel. Natürlich werdet ihr schlürfen, wenn ihr was Heißes trinkt oder löffelt. Vielleicht geht es möglichst leise?« Und mit diesem Wunsch mute ich mich euch zu. Dieses Outen färbt auf die anderen ab. Dann kann und darf jeder seine eigenen Empfindsamkeiten ausdrücken.

Beim Thema Manieren sind zwei Fragen entscheidend. Erstens: Was stört mich? Wo bin ich empfindlich? Was ist mir wirklich wichtig? Zweitens: In welcher Form kann ich das ansprechen, ohne den anderen falsch zu machen? Immer mal wieder, je nachdem, wie alt die Kinder sind – aber als Richtschnur würde ich gern vorschlagen, nicht öfter als einmal im Vierteljahr – kann ich das, was mir an Manieren wichtig ist, zur Sprache bringen. Was stört mich, was stört dich? Manchmal merke ich gar nicht, dass ich Geräusche mache beim Essen oder dass ich den Mund offen habe. Manche Rülpser kann ich nicht verhindern, aber es ist ganz gut, wenn ich die Hand vor den Mund halte. Nasebohren beim Essen halte ich überhaupt nicht aus.

Dabei gilt mal wieder ganz unbedingt die Elternhandwerksgrundregel: Schmiede das Eisen, solange es kalt ist! Das heißt: Abseits des Tischs, abseits des Konflikts, abseits des Schmatzens. Vielleicht ist bei so einem Quartalsgespräch auch Platz, darüber zu sprechen, bei was Papa oder Mama als Kind selbst Schwierigkeiten hatten? Was durften sie nicht, was mussten sie? Die Ellenbogen nicht auf dem Tisch, die Hand nicht unterm Tisch. Nicht Lümmeln oder den Kopf ablegen. Schlürfen, Schmatzen, Rülpsen und auf keinen Fall mit dem Strohhalm Blubberblasen im Getränk machen.

Wenn Eltern dann mit Kindern über ihre Wünsche sprechen, dann gibt es einen ziemlich einfachen Gradmesser, ob Ton und Verve stimmen: Würde ich das so auch einem erwachsenen Freund gegenüber äußern, der zum Abendessen bei mir eingeladen ist? Eltern sollten sich dieselbe Impulskontrolle antrainieren, die sie gegenüber Erwachsenen haben. Man würde ihm nicht ins Wort fallen und sagen: »Jetzt schluck erst mal runter, ich sehe ja, was du in der Backe hast. Und das ist mir unangenehm, das gehört sich nicht.« Oder: »Mach bitte den Mund zu beim Kauen.« Wenn Eltern sich das immer wieder überlegen, dann entwickeln sie vielleicht eine andere Form von Sprache. Oder sie halten sich erst mal zurück und geben sich nicht die Erlaubnis, einem Kind gegenüber taktlos und grob zu werden. »Warst du auf dem Klo?«, so laut, dass es das halbe Café hört. »Hast du dir die Hände gewaschen?« »Wisch dir mal den Mund ab.« Komischerweise sind Eltern am Esstisch – und nicht nur dort – Kindern gegenüber oft sehr unsensibel. Sie legen mitunter eine Rüpeligkeit und Schroffheit an den Tag, die sie sich sonst nie erlauben würden.

Wie machen wir das im Umgang mit Erwachsenen? Wenn jemand etwas Petersilie im Bart hat, dann kann man ihn nach einer Weile darauf hinweisen: »Du hast da was.« Und nicht unbedingt in einer Gesprächspause mit extra Hinweis: »Schaut mal alle, der Bart!« Und in der gleichen Form sollten wir es auch bei Kindern probieren. Es ist nicht in Ordnung, einem Kind ohne Kommentar und Ankündigung über den Mund zu wischen. Auch einem kleinen Kind sollte man zuvor das Tuch zeigen oder die Serviette. »Ich mach dir mal den Mund sauber. Darf ich das?«

Es ist vollkommen in Ordnung, als Eltern ein gewisses Level vorzugeben. Die Frage ist: Wie viel Zeit gebe ich den Kindern, da reinzuwachsen? Wie viel Gelassenheit habe ich, wenn der Standard eben nicht sofort erreicht wird? Komme ich ins Urteilen: Das ist richtig, das ist falsch? Und wenn ich von *dem Standard* spreche, mache ich klar, dass es *mein* Standard ist? Weise ich immer wieder darauf hin, dass mir das wichtig ist? »So bin ich.« Und wenn Kinder dann älter und unabhängiger werden, dürfen die dann sagen: »Mama, es nervt. Ich will in Ruhe essen.«

Elf neue Benimmregeln
– aber für Eltern

1 **Am Tisch geht es vor allem um eins, um Genuss – von Essen und Gemeinschaft.**
Geht es um besondere Anlässe oder Einladungen, Feste oder ein Date im Lokal stimmen dem alle zu. Genau dasselbe sollte für das Alltagsessen in der Familie eingeführt werden. Natürlich gelingt das nicht immer. In Familien gibt's jede Menge Baustellen, Tretminen, Turbulenzen – auch beim Essen. Unvorhersehbarkeit ist Normalzustand. Am Tisch dürfen alle das Essen und die Gemeinschaft genießen. Nicht als Verpflichtung, aber als Einladung – und jeden Tag aufs Neue.

2 **Die Waage gehört auf den Fischmarkt – und nicht ins Badezimmer.**
Sämtliche Kommentare über Figur und Gewicht, über große Portionen und kleine, über Nachnehmen, Ablehnen, noch mal Nachnehmen haben am Familientisch absolut nichts verloren. Damit bietet er den bestmöglichen Schutz vor Schlankheitswahn und Schönheitsregime, vor ständigem Baucheinziehen und irren Tik-Tok-Challenges. Natürlich ist es nicht nur okay, sondern wunderbar, in der Familie darüber zu sprechen, was ich an mir mag und was nicht. Aber nicht beim Essen.

3 **Eltern sollen aufhören, Fragen zu stellen.**
In Familien schleicht sich eine Art Interview-Slot-Kultur ein. Sie beginnt, sobald die Kinder aus der Schule kommen. Dann werden sie von den Eltern ausgefragt. Eigentlich wollen die Eltern sich unterhalten, wissen, was los war, und eigentlich auch, wie es dem Kind geht. Das Problem: Fragen sind das falsche Mittel für ein Gespräch. Wer fragt, bekommt Antworten. Nur Antworten. Dadurch zeigt man nichts von sich selbst und erfährt auch nicht viel. Werden die Kinder größer, werden die Antworten kürzer, bis sie irgendwann ganz ausbleiben. Als Gegenmaßnahme können Eltern einfach aufhören mit dem Fragenstellen und stattdessen von sich erzählen, von der Stimmung gerade, den Gedanken, Kinofilmen, Alltäglichem. Es wird nur wenige Wochen dauern, dann reden die jungen Menschen mit.

4 **Am Tisch gibt es nur eins: kein Handy!**
Früher hatte eine Familie ein Telefon. Es stand im Flur, hatte Kabel und Wählscheibe, und klingelte es zu den allgemein üblichen Essenszeiten, wurde es mit vorwurfsvollem »Wie-kann-man-nur-Blick« ignoriert. Heute ist das eine ganz andere Nummer. Achtung: Es gibt nicht wichtige Büroanrufe und albernes TikTok-Gepiepse. Es gibt nur »keine Handys am Tisch«. Diese Regel braucht immer wieder aufs Neue ein Commitment von allen in der Familie. Dass die Abstinenz auch für Eltern nicht leicht ist, zeigt sich an der ein oder anderen Ausnahme. Welch geniale Gelegenheit, sich am Tisch zu erzählen, wie schwer es allen fällt.

5 **Der Mittelpunkt ist kein guter Ort für niemanden, auch nicht fürs Kind.**
Die Aufmerksamkeit von Kindern wandert beim Essen. Mal hören sie zu, dann versinken sie förmlich in den Bratkartoffeln,

Pause, was trinken, dann ein bisschen den Teller schieben, was erzählen, dann vielleicht wieder Bratkartoffeln ... Auf und ab und hin und her: wunderbar. Dazu brauchen Kinder unbedingt ein Mindestmaß an Beiläufigkeit am Tisch. Geraten sie dagegen in den Fokus der Eltern, amüsiert oder kritisch, mit Blicken, Kommentaren oder Erwartungen, wird es anstrengend. Der Beobachtungs- und Kontrollmodus lenkt die Kinder von sich selbst ab. Sie bedienen dann die Erwartungen, ein Vollzeitjob, und werden zu Menschen, die ständig Aufmerksamkeit brauchen.

6 Beim Essen hat Erziehung Pause.
Würde man bei einem x-beliebigen Essen in der eigenen Familie ein Aufnahmegerät mitlaufen lassen, alles mitschneiden, die vielen guten Ratschläge, die Belehrungen und Zurechtweisungen – die allermeisten Eltern würden es nicht aushalten, die Aufnahme bis zum Ende abzuhören. Die meisten wiederholen als Eltern, was sie als Kind selbst erlebt haben, und sind sich dessen nicht bewusst. Kritik und Belehrung verderben den Appetit. Einfach aufhören damit. Das gemeinsame Essen wird entspannter – für alle.

7 Mut zur Macke, auch zur eigenen.
Jeden Tag schieben Tausende Elternhände Gläser Richtung Tischmitte: die Vorsicht-der-Saft-Macke. Teller wandern in die entgegengesetzte Richtung unters Kinderkinn: die Achtung-du-tropfst-Macke. Der kleine bis mittlere Alarm darf sein. Was dabei allen guttut: Wenn Eltern aufhören, ihre Macken zu kaschieren (»Ich mach das doch nur, weil du ...«), und sich stattdessen damit outen: »Ich glaube, ich bin da ein bisschen bescheuert ...«

8 **Eltern dürfen einen eigenen Index erstellen.**
Gift und Langeweile könnten da zum Beispiel draufstehen. Kinder kommen gut damit klar, wenn Eltern nicht immer einer Meinung sind. Wenn Eltern aber am Tisch darüber streiten, wer sich den Kindern gegenüber gerade ach so richtig verhält, dann geraten sie in einen Loyalitätskonflikt. So ein Streit ist giftig. Langweilig? Zum Beispiel: Steuern, Schule, Arbeit.

9 **Schmackhaftmachen verdirbt den Appetit.**
Würde irgendjemand dem Schwager heimlich einen dritten Knödel auf den Teller packen? »Oh, die Knödelfee war da, die will wohl, dass du groß und stark wirst?« Eben. Auch Kinder können selbst entscheiden, was und wie viel sie essen. Sie haben ein Bauchgefühl und Geschmacksempfinden und müssen nicht belehrt, bequatscht oder Hubschrauber-sucht-Landeplatz fremdgesteuert werden. Eltern können sich entspannen und den Fähigkeiten ihrer Kinder vertrauen. Kinder werden ihre Erfahrungen machen. *Ihre* Erfahrungen. Nichts beginnt, deswegen plötzlich gut zu schmecken, weil es einem der andere vorkaut.

10 **Schmiede das Eisen, wenn es kalt ist.**
Wenn es am Tisch hoch hergeht, Schnappatmungsatmosphäre, die Gemüter zum Zerreißen gespannt – dann sind Worte wie Munition. Da kommt es schnell zu Verletzungen. Herausfinden, was wirklich los war, worum es geht, was sich bei den Einzelnen abgespielt hat, lässt sich erst, wenn sich alle beruhigen konnten, auch die Eltern. Sie sollten dringend aufhören, ein wütendes oder frustriertes Kind mit ach so vernünftigen Erklärungen zu nerven. Wenn es einem gelingt, einen Streit freundlich zu vertagen, hat man Glück. Wenn man es öfter probiert, kriegt man vielleicht ein bisschen Übung. Vorteil: Kalt geschmiedet sind hitzige

Zoffs deutlich schneller vorbei. Hinweis: Die Erklärungen in der Hitze des Gefechts sind oft auch gar nicht so vernünftig.

11 Wie man mit einem Kind spricht, dafür gibt es eine sehr einfache Regel.

Sie lautet: Würdest du das, was du zum Kind sagst, genau so auch zu einem Erwachsenen sagen? Kinder sind fertige Menschen. Was ihnen fehlt ist Erfahrung. Erwachsene, die von Kindern ernst genommen und respektiert werden wollen, müssen ihnen genau das auch selbst entgegenbringen: Respekt, Freundlichkeit und genau die Impulskontrolle, die Erwachsene sonst so oft von Kindern einfordern. Wenn Erwachsene poltern, dann entweder so, wie sie es ihren Kindern stets verbieten. Oder sie beschimpfen sich gegenseitig als kindisch. Dann heißt es, der andere habe seine Hausaufgaben nicht gemacht, sei albern und unreif, führe sich auf wie im Kindergarten. Heulsuse, komm auf Augenhöhe, kindisch! Was passiert da? Kann man das nicht auch mal andersrum denken: Was bitte ist so toll an pflichtversessen, penibel, nachtragend? Daran, spaßbremsig zu werden, ernst und ordentlich und ja, stimmt: ach so effektiv? Ist nicht die viel bessere Beleidigung: Sei doch bitte nicht so erwachsisch!

Sind Großeltern große Eltern?
Was sich mit Oma und Opa beim Essen verändert

Zeit ist heutzutage die heiße Ware. Der *hot shit*, das rare Gut, um das gebuhlt wird, und das sich längst zur Währung von Beziehungen gemausert hat: Wie viel? Wie lang? Wann überhaupt? Und wann wieder? Und wie lang dann?

Eltern wünschen sich eine Art Raumzeitloch für ihren Familien-Esstisch: Einmal an den Händen nehmen, »Piep, piep, piep« funktioniert dann wie ein Zauberspruch, und zack sind alle gemeinsam woanders. In einer eigenen Zeit, einem eigenen Raum, einer persönlichen Raumzeitblase, einem Wurmloch mit genügend Platz für Geschichten, fürs Sichsehen und Wahrnehmen, fürs Zurücklehnen, Genießen, Warten und Kommenlassen. Eine Auszeit, ein Kraftpol für den nächsten Tag. Der Alltag soll dann mal schön in den Pausenmodus gehen, »endlich mal wieder in Ruhe gemeinsam essen«. Erzählen, lachen, klar, auch mal diskutieren, streiten, vielleicht sogar verzweifeln. Alles, was Beziehung halt ausmacht.

Die Wurmlochsehnsucht ist verständlich. Und genau so, als Sehnsucht, als stiller Hintergrundwunsch ist sie auch vollkommen okay. Und wenn es mal klappt, kann man sich über sein privates, kleines Bullerbü freuen, es ins Gedankenfotoalbum der schönen Erinnerungen kleben. »Wisst ihr noch, das Essen mit den etwas verunglückten Tacos? Danach hatte ich Muskelkater vom vielen Lachen, und sogar die Socken waren voller Guacamole.«

Als Erwartung aber, als Blaupause, vor der der Esstischalltag jeden Tag bestehen muss, kann sie nur frustrieren. Die Erwartung ist wie ein Waffenschrank, sie munitioniert die Eltern: »Kann man nicht einmal in Ruhe essen!« Sie ist unrealistisch, weil die Menschen, die dort gemeinsam am Tisch sitzen, immer einen ganz unterschiedlichen Tag hatten, diese Tageslaune und die momentane Gespanntheit, die Stimmung, Gedanken, Versunkenheit mit an den Tisch bringen und aufeinanderrumpeln lassen. Und das ist auch gut so, dass genau dieser Alltag dort Platz haben darf, dass ich den anderen in echt mitkriege und nicht seine Lasse-Bosse-Lisa-Version.

Worauf das Wurmloch-Bullerbü allerdings mit Recht hinweist, ist eine magische Zutat: der Faktor Zeit. In der Gesellschaft heutzutage ist der Esstisch zeitlich unter Beschuss, viele Convenience-Produkte, viel To-go, viel Kantinenessen, viel Schnellschnell. Kinder essen in der Schule, die Eltern im Büro, gemeinsame Mahlzeiten sind alles andere als selbstverständlich: Das Mittagessen am Wochenende vielleicht. Und sonst? Was bleibt zwischen Handballtraining, Bürostress, Elternabend, Yoga? Wie viel Zeit nehmen sich Eltern zum Kochen? Wie viel Lust haben sie dazu überhaupt?

Kochen mit Großeltern grätscht da wie eine riesige Chance hinein. Es ist ein Ausflug in eine andere Generation, ein Wurmloch, Jahrzehnte zurück, in eine Zeit, in der das Kochen noch eine andere Rolle gespielt hat. Traditionen werden da weitergereicht: Beim Rühren Achter auf den Topfboden malen – so vergisst man keine Stelle. Einen Nylonstrumpf ums Nudelholz – dann bleibt selbst der Butterplätzchenteig nicht kleben. Stühle immer mit der Lehne Richtung Arbeitsfläche, weil sie so nicht nach hinten umfallen können, wenn Kinder draufstehen. Den Strudelteig, bevor man ihn einmal über den Küchentisch zieht, unbedingt rasten lassen. »Auch der muss sich ausruhen, eine ganze Nacht lang.« Von den weltbesten Salzburger Nockerln, die niemand anders recht machen kann, einem Spezialrezept des Großvaters, fast ganz ohne Mehl, dafür mit noch mehr Ei, Vanillezucker, Puderzucker, Kristallzucker, bis »fritta è buona anche una ciabatta« (Frittiert schmeckt auch ein Hausschuh).

Wer dreht Knödel noch selbst? Die Großeltern wissen, was »simmern« bedeutet und dass man am Schluss noch mal kaltes Wasser an den sauberen Händen braucht, fürs Glattstreichen. Sie kennen kleine Tricks, die manchmal ein bisschen aus der Zeit gefallen scheinen, aber bei ihnen gut aufgehoben waren, dort einen guten Platz hatten und jetzt vielleicht zu den Enkeln rüberspringen.

Der Charme liegt in der Selbstverständlichkeit. Er liegt darin, dass die Großeltern es nicht machen, um etwas zu vermitteln, sondern einfach kochen, weil sie es immer machen – und sich freuen, wenn die Enkel dabei sind. Eine ganz große Großelternqualität, diese Beiläufigkeit. Großeltern haben oft Zeit und Spaß am miteinander Tun. Da ist viel mehr Lust dabei, sowohl bei ihnen selbst als auch bei den Enkeln. Übernimmt man von ihnen etwas, ist das eine kleine Erinnerung, wie ein Foto, schwarz-weiß, ein bisschen verknickt, das man in der Hosentasche mit sich herumträgt: »Das hat mir meine Oma beigebracht.«

Großeltern haben hier oft auch einen Freiraum. Sie können viel als unverbindliches Angebot einfliegen, es verliert die Last des Pflichtprogramms, hineingeschoben irgendwo in den Alltag. Natürlich sind auch manche Großeltern heute schwer beschäftigt, aber generell gilt doch: Sie haben – zumindest mehr – Zeit. Für gebrannte Mandeln und geschabte Spätzle, für unsinnige Überbleibsel einer früheren Zeit, in der ein kleines Stück vom Schnitzel extra gebraten wurde, weil die Pfanne damals nicht groß genug war und sich die Oma das nie abgewöhnt hat. Für Pfannkuchenluftdrehgrundkurse, für Himbeermarmelade mit Geheimzutat, den Fünfstunden-Schweinsbraten mit Biersauce, Rohrnudeln mit selbstgemachter Vanillesauce und wofür ist eigentlich dieser Hammer? Darf man Fleisch wirklich hauen? Die Küche ist ein schöner Ort, um dort mit den Enkelkindern zu sein.

Eine digitale Version dieser Oma-Opa-Essen für unsere weltweit verstreuten Familien könnte das Monatsrezept sein. Jeden ersten Freitag im Monat schicken die Großeltern ein Rezept rum. Dann haben alle ein paar Wochen Zeit, bis das nächste Rezept kommt, es auszuprobieren, schicken Fotos, erzählen von Erfahrungen, Missgeschicken, Erinnerungen. »Mein Baba Ganoush hätte man auch als Straßenbelag verwenden können.« »Fin will die Crostata das nächste Mal unbedingt mit Schokolade statt Aprikosenmarmelade machen.« »Das Chicken Marbella wird mein neues Festschlachtross. Kann man alles vorbereiten. Rechtzeitig in den Ofen, fertig.« Natürlich ist es nicht das Gleiche, wie zusammen am Tisch zu sitzen. Trotzdem, schon die Ankündigung im Familienkanal »Habe keine Pinienkerne gefunden. Mal sehen, was Mandeln so können …« schafft einen gemeinsamen Bezugsrahmen, einen Moment der Nähe.

Bei Tisch gibt es dann mindestens zwei Großelternvarianten. Die eine ist, dass die Großeltern wie strenge Zeugen aus einer anderen Zeit dabeisitzen, dass sie auf Regeln, Manieren und Etikette pochen, bei denen die Eltern vielleicht gelassener sind. Die Großeltern kommen aus einer Generation, in der der Esstisch oft kein angenehmer Ort war. Sie mussten als Kind vielleicht noch mit Schulheften unter den Armen geklemmt essen, und jedes Mal, wenn eins runtergefallen ist, gab es eine Ohrfeige. Es ist eine Generation, in der eine ganze Armada an Benimmregeln die Atmosphäre am Tisch verpestet hat. Es ist eine Kindheit, von der sich diese Großeltern vielleicht nie richtig befreien konnten. So etwas kann Konfliktpotenzial haben, ist aber auch eine große Chance.

Mit Kindern sollte man unbedingt vorab darüber sprechen: »Wenn Oma und Opa da sind – denen ist es am liebsten, du würdest nicht mit vollem Mund reden und die Ellenbogen nicht auf den Tisch nehmen. Vielleicht kannst du das denen zuliebe probieren?« Da geht es dann nicht um Manieren, sondern darum, dass Menschen, die ich mag, sich am Tisch auch wohlfühlen können. Und das ist eine Riesenchance. Erziehungsmaßnahmen, die wie Benimmregeln daherkommen, wie ein anonymes »Das tut man nicht«, verpuffen nicht nur, sie verderben früher wie heute die Stimmung. Ganz anders wird das, wenn dahinter die Frage steht: Was können wir tun, damit sich jeder hier am Tisch wohlfühlt?

Wichtig ist, dass wir hier immer wieder den Charakter der Vereinbarung prüfen. Wir arbeiten nicht im Tiefbau, es geht um Menschen und um ihr Miteinander. Es geht nicht um Betonschächte und Stahlanker, unverrückbare Fundamente und ausgegossene Keller. Für das, was zwischen Menschen passiert, für Regeln des Miteinanders ist Stahlbeton ein absolut untaugliches Material. Der richtige Charakter für solche Regeln ist der eines Wunsches: »Ich nehme mir das vor, mal gucken, ob es klappt.« Es sollte eine Leichtigkeit behalten. »Jetzt hast du gerade nicht dran gedacht, oder?«

Vielleicht macht das Kind es auch aus Schabernack: »Die Oma will nicht, dass ich rülpse, und jetzt rülpse ich gerade extra. Und jetzt noch mal.« Das heißt nicht: Ich will der Oma und der Mama eins reinwürgen. Wenn meine Regel nicht aus Beton ist, muss ich so was auch nicht als schlimmes Vergehen ahnden. Ich kann eher mein Kind unterstützen: »Du hast es vergessen, oder?« »Jetzt macht es dir erst recht Spaß, oder?« Die Frage ist: Was unterstelle ich? Unterstelle ich: Du zeigst mir innerlich den Stinkefinger? Du streckst mir die Zunge raus? Du willst mich provozieren? Dabei wird übersehen, dass Kinder bis zum Ende der Grundschulzeit ihre Eltern nicht infrage stellen. Nicht das Kind will provozieren, der Erwachsene fühlt sich provoziert. Die Aufgabe der Eltern wäre hier: Wie kann ich peinliche Momente für mein Kind erleichtern? Wie kann ich ihm eine Brücke bauen? Helfe ich meinem Kind oder lasse ich es allein und rüge?»Wir hatten doch gesagt, du sollst nicht ...« Oder:»Du hast mir versprochen, dich zu benehmen.« So stelle ich das Kind bloß, und das fühlt sich immer unangenehm an, beim Essen gleich dreimal. Dann schmeckt es mir als Kind nicht mehr, dann werde ich verunsichert. Die einen machen dann erst recht Blödsinn, andere überlachen die Beklemmung, weil sie sich so falsch fühlen. Das Lachen ist eine Schutzfunktion, ein Sich-nicht-mehr-Auskennen. Viele Eltern fühlen sich davon extrem provoziert.»Schau mich an, wenn ich mit dir rede«, heißt es dann. Oder:»Jetzt reiß dich halt mal zusammen.« Ein System ist umso stabiler, je mehr Flexibilität es sich leisten kann. Wie groß ist die Angst der Eltern, wenn die Regel nicht konsequent umgesetzt wird, dass dann das ganze Gerüst kippt?

Wenn Großeltern diese Manierenstrenge mit an den Tisch bringen, dann tun sie das in zwei Richtungen. Entweder adressieren sie ihre strengen Blicke und Zurechtweisungen direkt an die Enkel. Dann brauchen die Kinder unbedingt Schutz. Eltern dürfen sie da nicht vorschicken. Nur weil sie sich scheuen, sich selbst zu positionieren, dürfen die Eltern ihre Konflikte mit den Großeltern nicht delegieren. So ein Stellvertreterzwist, in dem die Enkel auskämpfen sollen, was sich die Eltern nicht getraut haben zu klären, wird schnell unfair und beschädigend. Da geht es auch um kleine Fragen, wohin mit den Kartoffelschalen, darf man Spaghetti hochziehen, gibt es beim Abendessen Marmelade. Als Mutter oder Vater kann ich mich da nicht einfach raushalten. Ich muss der Oma klarmachen: »Ich weiß, dass ich das nie durfte, aber bei uns ist es so. Und ich denke, das ist ganz in Ordnung. Du wirst es verkraften, dass wir das jetzt anders machen.«

Die andere Richtung nimmt nicht die Enkel ins Visier, sondern die Eltern. Da kommt dann so ein demonstratives Kopfschütteln: »Da haben wir bei euch aber schon drauf geachtet. Was macht ihr denn hier? Das geht ja gar nicht.« Manchmal schießt ein Kommentar auch über Bande auf die Eltern. Die Oma richtet sich an den Enkel: »Jetzt nimm doch endlich mal den Löffel ordentlich in die Hand.« In Wahrheit kritisiert sie aber ihre eigene Tochter, die nicht in der Lage war, ihrem zu Kind zeigen, wie es den Löffel zu halten hat. Das drückt auf eine sehr blöde Art aus, dass die Eltern für unzulänglich erklärt werden.

In beiden Fällen haben die Eltern mit ihren Eltern ein Thema. Und das sollte unbedingt zeitnah besprochen werden, aber nicht am Tisch. Vielleicht später beim Spazierengehen? »Wir freuen uns, wenn ihr hier seid. Aber wir sind für unsere Kinder in unserer Art, wie wir zusammenleben, zuständig. Und ich will in der Form nicht von dir kritisiert werden beim Essen – und auch sonst nicht.« Da muss man eigene Worte finden. Es geht darum, sich gut abzugrenzen und den Großeltern nicht die Möglichkeit zu geben, die Familienatmosphäre zu vergiften oder zu missachten.

Die andere, sehr viel häufigere Art, wie Großeltern heute mit am Tisch sitzen, ist, dass sie gelassener sein können als mit den eigenen Kindern. Sie sind befreit vom Erziehungsauftrag, ein riesiger Vorteil. Und darüber kann man ins Erzählen kommen, ins Lachen: »Aha, Mama, deine Enkelkinder, die dürfen jetzt den Teller abschlecken? Da warst du bei mir aber streng.« Und dann kommen ja oft Mucksmäuschenstill-Geschichten auf den Tisch. Da staunen die Enkel. Wenn da Humor und Großzügigkeit dabei sind, es keinen Groll mehr hervorruft, dann wird es oft lustig. »Oma, wie war das bei dir? Mama durfte, als sie klein war, nicht die Spaghetti um den Finger wickeln?« – »Neee, strengstens verboten.«

Die Bereitschaft der Großeltern, sich auf ihre Enkel einzulassen, ist heutzutage sehr groß. Das gilt meist auch andersrum: Auch die Enkel wollen es. Es herrscht eine Lust des Gelingens. Sie können das Zusammensein genießen. Für Eltern ist das schön zu sehen und manchmal auch nicht ganz leicht: Denn sie können das nicht kopieren. Ein bisschen was davon kann man in die Familie einsickern lassen. Aber es bleibt ein anderes Verhältnis.

Ich erlebe auch, dass Eltern traurig werden, wenn sie sehen, wie anders die Großeltern am Enkeltisch sind. Sie freuen sich einerseits für ihre eigenen Kinder, weil die Großeltern so anders sind, so wunderbar. Aber sie denken auch: »Nein, das habe ich nicht erlebt.« Als sie selbst Kinder waren, haben sie vielleicht eine Strenge und eine Härte erfahren, die gegenüber den Enkelkindern jetzt zum Glück weg ist. Was da alles verpasst wurde, wird Eltern noch mal schmerzhaft bewusst. Die Herausforderung ist, mit dieser Traurigkeit, mit dieser Wehmut umzugehen: Kommt eine Bitterkeit mit? Oder schafft man es ins Wohlwollen, in die Entspanntheit: »Ah, jetzt hat sich was geändert.«

Es ist gut, dass diese Gefühle da sein dürfen, wohlige und bittere. Häufig werden Erwachsene ihren Eltern gegenüber dann milde, wenn sie selbst Eltern werden. Sitzen Eltern jedoch auf massiven Vorhaltungen, sind klärende Gespräche zwischen den Erwachsenen sinnvoll, damit die Enkel nicht die Reste der früheren Zerwürfnisse einsammeln müssen. Die Freude und die Wehmut klingen in Worte gefasst vielleicht so: »Das hätte ich mir auch so gewünscht. Aber scheinbar wart ihr, als ich klein war, dazu nicht in der Lage?« So können Gespräche entstehen.

Man kann diese Punkte auch in einer Liste sammeln, als Memo an sich selbst als zukünftige Oma oder zukünftigen Opa. Es ist ein Brief in die Zukunft, wichtig in zwanzig bis vierzig Jahren: Was man auf jeden Fall anders machen will und was ganz genauso.

»Geschichten von den anderen Enkeln auf das Nötigste begrenzen«, könnte da draufstehen. Oder: »Fußballernamen auswendig lernen, auch wenn mich Fußball eigentlich nicht interessiert.« »Nicht immer gleich den Lautsprecher einschalten beim Telefonat mit dem eigenen Kind, weil Opa mithören soll. Vielleicht will da jemand auch was zu zweit besprechen?« »Mit den Enkelkindern ein Kochbuch basteln, *grandmother's finest*.« »Einmal im Jahr alle zum Familientreffen einladen.« »Anrufen und sich von Enkelkindern Dinge erklären lassen, wohl wissend, dass sie sich ein bisschen lustig machen über einen.« »Großes Großelternziel: die ersten eigenen Wohnungen aller Enkelkinder mit eigenen Augen sehen – man muss ja nicht unbedingt dort übernachten.«

Das Ganze ist eine Art Tagebuch der Zukunft: Das geht mit einem Notizbuch, genauso kann man aber auch ein ausrangiertes Buch nehmen, das man eigentlich schon vor die Tür stellen wollte, ein paar Seiten mit weißem Papier überkleben. Man kann ja nachkleben, wenn die Oma in einem noch mehr Tipps braucht ... Wenn man dafür heute Worte findet, dann wirkt das auch schon ins Heute.

Muss man Kindern das Einkaufen zumuten?
Ja, bitte. Es gehört zum Leben.

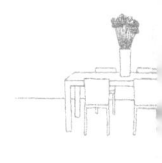

Der Begriff *Quality time* trumpft mit einem großen Versprechen auf: Weniger ist mehr. Nicht ewig Rumdümpeln, lieber Staccato – dafür mit Klasse. So wie die Sonne jeden Tag etwa 27-mal so viel Energie auf die Erdoberfläche schickt, wie die ganze Menschheit in einem Jahr verbraucht: Es ist genug da. Die Schwierigkeit ist, sie zu nutzen. Etwas Ähnliches, so das Konzept der *Quality time*, passiert mit der Zeit. Nicht so wichtig sei, dass Eltern und Kinder ewig viel davon miteinander verbringen. Es gehe darum, die richtige Zeit miteinander zu verbringen, zu genießen: knapp und satt also, Nähe statt Alltag, mehr Alleine-Zeit für uns, Sonne sofort!

Natürlich ist nichts dagegen zu sagen, dass Momente schön und seelensonnig sein dürfen. Gemeinsam laut beatboxend auf dem Rad durch den Tunnel sausen, nebeneinander und hoch konzentriert den Nudelteig kurbeln, wer macht die lautere Arschbombe in den See? Trotzdem ist *Quality-time*-Gerede ziemlich über Mist. Es tut so, als lebten wir in einer Werbung von Coppenrath & Wiese: Kuchen auf Knopfdruck. Wir haben alle weniger Zeit gemeinsam, deswegen muss diese wenige Zeit idyllisch, harmonisch, genussvoll sein. Und wer bitte wäscht die Wäsche? Saugt, kocht, spült ab? Und wann? Das macht Eltern einen riesigen Stress. Schließlich müssen diese Dinge ja auch erledigt werden.

Quality time ist prächtig, *nice to have*, ersetzt aber nicht das alltägliche Miteinander. Das Leben besteht aus vielen Facetten. Arbeiten, andere Menschen treffen, putzen, einkaufen, schlafen, ärgern – all diese Dinge gehören dazu. Ich kann nicht sagen, das alles ist nur lästiges Beiwerk, ist nicht das Leben. Und Kinder sollten grundsätzlich im Alltagsgeschehen der Eltern mit dabei sein können. Nur so erfahren sie, was es bedeutet, Alltag zu organisieren, zu gestalten, zu leben. Da wachsen Kinder rein. Sie haben ihre Kindheit lang Zeit, das mitzukriegen: Wie läuft es bei uns zu Hause? Wie läuft es woanders? Wie funktioniert eigentlich das Gestalten von Leben?

Einkaufen mit Kindern gilt bei vielen Eltern als Horrorveranstaltung: Kita-Körper, die sich (»Das mit dem Mittagsschlaf hat bei der kleinen Mia leider wieder nicht geklappt«) verzweifelt versuchen, aus dem Einkaufswagensitz zu aalen. Kinderfäustchen, die in der Quengelzone irgendwo zwischen Ü-Ei-Aufsteller, Raffaello-Thekendisplay und Zigarettengitter auf den Supermarktboden trommeln: »Luuuuuuuutscher!« Eltern, die Sätze sagen wie: »Bring das wieder zurück. Dahin, wo du es herhast. Jetzt!« Kurz vor den Abholzeiten rauschen deswegen viele Mütter oder Väter noch mal schnell durch den Supermarkt: allein. Hauptsache, erledigt. Hauptsache, dem Kind nicht auch noch das zumuten. Wie schade!

Wenn Eltern Kinder heute mit zum Einkaufen nehmen, haben sie oft ein schlechtes Gewissen: »Jetzt war sie schon wieder vorletzte beim Abholen ... Ich sollte doch eigentlich was Schönes mit ihr machen ... Stattdessen stehen wir in der Kassenschlange ... Was tue ich meinem Kind da nur an?« Eltern wollen es dem Kind dann irgendwie erträglich machen. Eine schwierige Aufgabe. Und dieses schlechte Gewissen sorgt schnell für schlechte Stimmung, färbt ab. Ist es nicht überflüssig, Kindern das zuzumuten? Verlieren da nicht alle dabei?

Einkaufen ist keine Zumutung, sondern Alltag. Erwachsene tun das manchmal mit besserer und manchmal mit schlechterer Laune. Und Kinder genauso. Wenn man Pech hat, dann haben beide schlechte Laune. Dann ist es ein nicht so schönes gemeinsames Event. Aber so bekommen Kinder auch unangenehme Seiten vom Leben miteinander mit. Und die gibt es ja.

Einkaufen eröffnet Kindern eine weitere Gelegenheit, Erwachsenenleben miteinander zu erleben. Details werden wichtig: Wie bestellen Eltern am Marktstand? Wie gehen sie mit den Verkäufern und Kassiererinnen um? Wie mit Vordränglern an der Kassenschlange, wie mit anderen Kunden? Das ist von Tag zu Tag ganz unterschiedlich. Mal hektisch, da müssen die Sachen aus den Regalen gerupft werden: »Holst du bitte schnell noch Mehl, du weißt ja da hinten am Eck, ich stell mich schon mal an ...«, da ist es essenziell, die richtige Kassenschlange zu erwischen. Und dann ist mal mehr Zeit: Da kann man durch die Regale schlendern, sich Produkte angucken, auch welche, die man nie kaufen würde. Die Kinder kann man mit einer Selbstverständlichkeit einbeziehen, vielleicht die eigenen Gedanken, die Überlegungen mitteilen. »Ich nehme am liebsten den Endiviensalat, es gibt jetzt den letzten Feldsalat ...« Es geht darum, praktische Dinge, die man sonst vielleicht nur denken würde, auch laut auszusprechen: Wo kontrolliert man das Mindesthaltbarkeitsdatum bei der Milch, und was soll das? Kann ich die Orangen noch kaufen, obwohl schon April ist? Was macht eine gute Avocado aus?

Manchmal reißen sogar richtige Zeitlücken auf. Ich empfehle jedem Elternteil mal gemeinsam mit dem Kindergartenkind am Süßigkeitenregal lustzuwandeln, mindestens fünfzehn Minuten: Was es da alles gibt! Ja, du meine Güte! Und was man alles haben könnte! Dinge, an die in der Kindheit des Elternteils noch gar nicht zu denken war. Wie viel Center Shocks man wohl auf einmal in den Mund bekäme? Und wie lang man sie dort drin lassen können würde?

Und dann gibt es die Situationen, in denen Kinder einfach komplett überanstrengt sind. Sie hatten einen anstrengenden Arbeitstag hinter sich in Kita/Schule/Hort. Und Eltern haben ihren langen Arbeitstag hinter sich, und dann muss man halt anerkennen, dass beide erschöpft sind. Da braucht es dann nicht strengere Regeln fürs Kind oder jemanden, der mal eine richtige Ansage macht, sondern einfach einen Schritt zurück: Keine Reserven mehr, alle sind müde. Irgendwie werden wir es noch nach Hause schaffen. Vielleicht ist das auch der Moment, in dem man doch noch mal zum Süßigkeitenregal abbiegt. Heute gönnst du dir was, und ich mir auch.

Eine besondere Zone ist der Süßigkeiten-Bereich vor der Kasse: Wie schwer fällt es mir, das Wort »Nein« freundlich auszusprechen? Wie sehr fühle ich mich angegriffen durch eine Frage? »Manno, ich will aber! Kackmama!« Kann ich das hören?

In Wahrheit sind die Kassenflure Nein-sag-Trainingspfade, die Eltern als Übungsfeld nutzen können. Denn oft läuft es so: »Kriege ich einen Lolli?« – »Du hast erst gestern was gekriegt.«

»Ich würde aber so gern ...« – »Du kannst nicht jeden Tag was haben!«

»Warum kriege ich nie was?« – »Wir haben doch gesagt, einmal die Woche, nicht öfter.«

»Aber nur heute, bittttte!« – »Wenn du noch mal fragst, gibt es nächste Woche auch nichts.«

»Ach, komm, bitte, die gibt's ganz neu!« – »Ich habe doch jetzt fünfmal ›Nein‹ gesagt. Wie oft muss ich es noch sagen?«

Die Wahrheit ist: Das »Nein« wurde kein einziges Mal ausgesprochen. Das hat das Elternteil nur mitgedacht. Es wurde immer in Vorwürfe verpackt. »Du musst lernen, nicht immer was zu wollen.« Der Wunsch wird als maßlos angekreidet. Schlechte Stimmung herrscht, für die das Kind mit seiner Lollilust verantwortlich gemacht wird. »Du zwingst mich dazu, ärgerlich zu werden.« Da geben die Erwachsenen dem Kind plötzlich die Macht über sich. Etwas, was für ein Kind eindeutig nicht stimmt.

Dabei ist der Wunsch selbst gar kein Problem.

»Kriege ich einen Lolli?« – »Nein.«

»Ich will aber!« – »Nein.«

»Warum denn nicht?« – »Weil ich Nein sage.«

Wie viel kann das Kind nachtarocken? Wie oft insistiert es? Man kann da auch mitzählen. Und wenn es mehr als siebenmal fragt, dann kann ich nur sagen: Gratulation! Es kriegt später jeden Job. Lässt nicht locker, bleibt dran. Und für die Eltern ist es ein Ausdauertraining, weiterhin in Ruhe freundlich »Nein« zu sagen. Ich darf Nein sagen, und ich darf auch ein unbegründetes »Nein« sagen. Das bedeutet nicht, dass Eltern kein »Nein« aus ihrem Mund begründen dürften oder sollten. Aber über Kaugummis, Lutscher und Schokolade muss man nicht debattieren.

Ja, natürlich: Einkaufen mit Kindern ist zeitaufwendiger. Und diese Ressource ist verdammt knapp. Es gibt aber keine Alternative dazu. Mit Kindern sein heißt einfach auch, Zeit mit ihnen zu verbringen, auch Alltagszeit. Für Kinder ist all das ein großer Schatz: Teilhaben zu können am ganz normalen Leben, in ganz unterschiedlichen Szenerien, mit ganz unterschiedlichem Tempo. Es ist Lernen durch Erleben. Kinder sollen miterleben, wie ihre Eltern das machen mit dem Alltag, wie Leben eigentlich funktioniert und nicht durch Belehren lernen. Wo sonst können sie das bekommen?

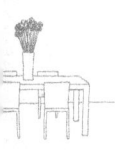

Wie können wir füreinander wertvoll sein?
Liebe und liebevolles Handeln

Es gibt einen Satz, der haut Eltern regelmäßig um. Auch wenn ich ihn vorsichtig, fast tastend formuliere, ernte ich ungläubige Blicke. Darf man das überhaupt denken? Geschweige denn vor den Kindern denken? Ihn am Ende auch noch aussprechen? Der Satz lautet: »Heute habe ich einen Tag, der fühlt sich so an, dass ich am liebsten keine Familie hätte.« Erlaube ich mir den als Mutter? Als Vater? In welchem Tonfall? Was bedeutet er? Und kann er tatsächlich wertvoll sein? Auch gegenüber den Kindern? Entlastend gar? Blicke voller Fassungslosigkeit.

Wenn mir Eltern erzählen, wie ihre Idealvorstellung von einem wertvollen Familienessen aussieht, kommen natürlich sehr unterschiedliche Bilder: Wer ist da alles dabei? Ist es ein Festmahl oder ein Alltagsessen? Kommen da viele Worte, mit denen sie eine genaue Vorstellung beschreiben, oder nur ein grober Rahmen? Was liegt auf dem Teller – oder spielt das am Ende gar keine Rolle?

Etwas, was aber wirklich immer kommt, als kleinster gemeinsamer Nenner, ist das scheinbar harmlose Wort »friedlich«. Das ist etwas, auf das sich alle einigen können: fröhlich, harmonisch, gelassen. Eine Art Urquell des idealen Familienessens, die Basis von allem, der Stoff, aus dem Elternträume sind. Ich glaube, das ist ein großes Missverständnis – und obendrein gefährlich. Natürlich ist der stille Wunsch nach Frieden und Harmonie am Esstisch verständlich wie legitim. Als Erwartungshaltung aber unterdimensioniert er unser menschliches Miteinander kolossal. Man merkt das in der Musik, in der Bewegung, in der Kunst – eigentlich überall: Reine Harmonie ist vor allem eins: öde. Es geht immer nur mit Spannung und Lösung. Gleichklang ist Heititeiti für die Seele. Da passiert nichts. Das hält auch niemand wirklich lang aus.

Was steckt aber hinter dem elterlichen Hunger nach Harmonie? Eine Scheinbewegung. Er ist kein wirkliches »Drängen auf«, kein »Sehnen nach«. Die treibende Kraft ist eine »Angst vor«. Dahinter steckt also kein entschlossenes Eintreten für Harmonie, keine Sehnsucht nach Gleichklang, kein unbedingtes Verlangen nach Friedfertigkeit. Es ist vielmehr ein Vermeiden, Aus-dem-Weg-Gehen, Davonlaufen vor Konflikten. Eltern sagen »friedlich«, sie meinen »konfliktfrei«, »reibungslos«, »störungsfrei«. Eltern haben eine gesottene Angst vor destruktiven Konflikten.

Und das ist nur verständlich. Krach, wie er in vielen Familien üblich war, endete mit Verurteilen, Wegschicken, Ausgrenzen. Im Nachhinein waren es die Kinder, die sich entschuldigen mussten, um wieder dabei sein zu dürfen. »Jetzt sind wir wieder lieb.« Die Kinder von damals sind heute Eltern und Großeltern. Das, was sie als Kinder mit ihren Eltern erlebt haben, wollen sie auf keinen Fall wiederholen. »Wenn es etwas gibt, das ich mehr verabscheue als alles andere, dann Macht zu besitzen und sie zu missbrauchen«, schrieb Astrid Lindgren.

Die Eltern von heute wissen, wie es sich anfühlt, der Macht der Eltern ausgeliefert zu sein. Sie kennen die Not der Beschämung, die durch Mark und Bein geht. Viele von ihnen haben ein Alarmsystem entwickelt, das anspringt, wenn die Atmosphäre zu kippen droht. Wir haben kaum Erfahrungen mit Auseinandersetzungen, die in guten Bahnen verlaufen. Uns fehlt ein positiver Bezug. Es wäre eine gute Aufgabe für Eltern, da mal zu sammeln, um einen neuen Umgang mit Streit anzuschieben: Meine fünf allerbesten Kontroversen – und wie ich heute noch von ihnen profitiere. Wann Stunk gut riecht und wie wir Zoff und Zwist weiter nach vorn ins Alphabet unseres Alltags bekommen.

Immer noch denken Familien, wenn Kinder streiten, dann sind Eltern nicht erfolgreich. Und erst recht, wenn die Eltern selbst beteiligt sind, egal ob mit dem Kind oder dem Partner. Immer wieder ins Streiten zu kommen, löst bei Eltern Schamgefühle aus. Nach außen dringen die Plänkeleien, die vertretbar sind, über die alle reden: »Die Jungs kriegen sich auch wirklich wegen allem in die Wolle.« »Gestern gab es wieder Eklat um die Bildschirmzeiten. Die haben tatsächlich unsere Fritzbox gehackt!« »Nicht gescheit lernen und dann nicht mal im Haushalt mithelfen. Mannmannmann!« Aber am Bild der harmonischen Familie wird damit nicht gerüttelt. »Alles easy bei uns.« Was aber natürlich nicht bedeutet, dass es tatsächlich so ist. Wir sollten Konflikte unbedingt gesellschaftsfähig machen.

Eltern geraten regelmäßig in Stress, wenn sich ein Konflikt ankündigt. Das beginnt bereits beim ersten »Nein«, beim ersten »Ich will aber nicht«. Dann seufzen Eltern, zumindest innerlich, schalten in eine Art Muss-das-sein-Modus, verwenden große Teile ihrer Energie ins irgendwie Abbiegen. Eine grundsätzlich andere Haltung dazu würde einiges verändern. Dazu gehört, dass ein »Nein« okay ist, dass ein »Nein« aber nicht als Befehl an die Eltern verstanden wird. So ein »Nein« darf auch einfach erst mal stehen bleiben, ohne dass die gewohnte Gegenwehr mit vielen Argumenten sofort in Stellung gebracht werden müsste. So ein »Nein« ist eine ehrliche Antwort. Punkt. Denn was wäre die Alternative? Lügen? Ein Jawoll melden und gehorchen?

Bei unseren Familienmodulen bin ich ein Wochenende lang mit mehr als einem Dutzend Familien zusammen, um die 25 Kinder von ganz klein bis erwachsen und noch mal so viele Erwachsene. Über die letzten zehn Jahre erlebe ich, dass diese Tage immer sehr entspannt verlaufen und dabei nie durchweg harmonisch. Es gibt Paare, die sich uneinig sind, Streit zwischen Kindern, Missstimmung und Konflikte. Der Grund, warum trotzdem eine entspannte und gelassene Atmosphäre herrscht: Wir haben keine Angst vor Konflikten. Schwierigkeiten und Ärger sind das Material, mit dem wir arbeiten. Wir freuen uns eigentlich darüber, weil wir dann Begleitung und Klärung als Arbeitsbeispiel nehmen können. Was ist los? Wie können wir das sortieren? Wie geht es den Einzelnen?

Genau so eine Willkommenskultur für Konflikte wünsche ich Familien: eine furchtlose Haltung, die interessiert ist, die Chancen sieht, die zuhört. Auch das innere Alarmsystem der Erwachsenen aus ihrer Kindheit kann durch neue und andere Erfahrungen vielleicht zur Ruhe kommen. So ein grundlegendes Umdenken braucht Übung, ein immer wieder sich selbst zur Gelassenheit Ermahnen, ein sich Interessieren für Widerspruch, für das, was beim anderen gerade los ist. Dann können Familien sehr viel dabei gewinnen.

Keine Angst vor Konflikten bedeutet, dass man sich – nur weil jemand »Nein« sagt – nicht sofort in die Gedankenspirale einreiht: Ich habe etwas falsch gemacht. Dass nicht die erste Sorge ist: »Uiii, die Situation eskaliert gleich.« Eine grundsätzlich andere Haltung hieße: »Interessant! Mal sehen: Wie ist das für mich? Wie ist das jeweils für die anderen?«

Es wäre so hilfreich, wenn sich Erwachsene nicht so schnell von der Unruhe anstecken ließen, die ein »Ich will nicht« ausstrahlt. Und selbst wenn die Gelassenheit gerade nicht zur Verfügung steht, dann poltern zwei oder drei oder mehr eben aneinander. Mit einem grundsätzlich anderen Verständnis von Konflikten kann das anders bewertet werden: Alle Beteiligten lernen sich dabei ein Stück besser kennen, sich selbst und die anderen.

Dieser neue Modus beginnt lang vor dem Konflikt. Wenn der Frühstückstisch Punkt sieben perfekt sein muss, mit abwechselnd Himbeeren und Blaubeeren auf den superleckeren Overnight Oats, der Minirosinenschnecke und dem Glas O-Saft dazu, dann machen sich Eltern unnötig verwundbar. Aus frisch gepresst wird frisch gestresst. Dann eskalieren Kleinigkeiten. Sie kriegen gerade alles noch so fertig, es wird ihnen vielleicht nicht gedankt, und dann kommt ein »Nein« oder jemand mit schlechter Laune an den Tisch – und schon rumpeln die Gemüter: »Ich hab mir hier drei Beine ausgerissen, um das alles gut hinzukriegen – und dann lümmelt sich eins der Kinder an den Tisch und macht es einfach so kaputt.«

Eltern reagieren hier schnell sehr angefasst – und unfair. Sie haben sich überanstrengt, erwarten zumindest Benehmen, hätten gern Dankbarkeit. Sie ahnen aber bereits, dass sie es einen Tick zu schön machen wollten, eher das eigene Ideal im Blick hatten als die Kinder. Die drei besten Gegenmaßnahmen: Perfektionsdruck rausnehmen. Selbstverurteilungen runterfahren. Freundlich sein – auch zu sich selbst.

Die Frage, die hinter allem steht und die uns massiv angreift, lautet: Versage ich als Mutter, versage ich als Vater? Ich mache es nicht gut genug. Das ist die Hintergrundfolie, auf der sich dann diese kleinen Dienstagmorgenunwägbarkeiten abspielen: Warum schreit mein Kind jetzt am Tisch? Warum kann mein Kind nicht in Ruhe das essen, was ich hingestellt habe? Warum muss das Kind uns jetzt die Atmosphäre schreddern? Was habe ich falsch gemacht?

In dem Moment ist das perfekte arrangierte Beerenfrühstück wichtiger als die Beziehung zwischen Eltern und Kind. Es ist für Eltern oft schwierig, aus dem Machtkampf auszusteigen. Da geht es um Impulskontrolle, darum, die Zeit ein Stück weit anzuhalten, mehr zu beschreiben als zu handeln, um wieder die Verbindung zueinander zu finden. Für Eltern ist es gut zu wissen, dass sie den Schlüssel für die Qualität des Miteinanders in der Hand haben und ihn nutzen können, sobald sie in der Lage dazu sind: »Du bist unzufrieden, sehe ich. Ich auch. Ich habe mich überanstrengt, und jetzt wird es mir gerade deutlich, weil ich deinen Frust gerade überhaupt nicht aushalten kann.« Das in einem Ton vorzubringen, der dem anderen nicht die Schuld zuschiebt, ist wirklich verdammt schwierig.

Etwas, was Familien entspannt, ist, wenn Eltern verinnerlicht haben: Niemand anderes ist für meinen Gefühlszustand zuständig außer ich selbst. Es gibt Tage, an denen kann ich gelassen auf Durcheinander und Spät-dran-Sein reagieren, was mich sonst maßlos ärgert. Eltern sind keine Maschinen, die immer gleich reagieren. Und auch wenn man sich manchmal als Opfer der eigenen Gefühle erlebt: Es sind und bleiben die eigenen Gefühle und die eigenen Reaktionen. Sonst müsste es heißen: Es reagiert mich.

Manchmal schaffen es Kinder selbst nachzufragen. »Hast du jetzt einfach nur schlechte Laune oder habe ich irgendwas gemacht?« Ansonsten ist es die Aufgabe der Eltern, für Transparenz zu sorgen. »Ich bin mumpfig und weiß gar nicht warum. Lass dich nicht von mir anstecken.« Als Kinder haben sie selbst meist noch Eltern erlebt, die weitgehend unantastbar waren, deren Position oder Verhalten per se tadellos war. Wenn sie aus der Haut gefahren sind oder haltlos rumgeschimpft haben, dann waren am Ende immer irgendwie die Kinder schuld, weil sie sie dazu gebracht oder gereizt haben.

Die Eltern heute versuchen, das anders zu machen. Und trotzdem sitzt dieses Schema noch in den Blutbahnen. Oft setzen sich Eltern dabei unter Druck: »Dann muss ich aber wirklich immer alles richtig und gut machen.« Und auch das ist Gift für Familien. Wenn Eltern versuchen, ihr Elternsein zu optimieren, dass es auf einem Leistungslevel beurteilbar ist, wird es ungemütlich. Wer immer ein gutes Vorbild abgeben will, ist vor allen Dingen eins: nicht er selbst. Und das ist irritierend für Kinder. Eltern sollten wissen: Sie sind immer Vorbilder, auch mit allem, was eben nicht gut läuft. Ein Vorbild mit gelingenden Sachen zu sein, ist einfach. Und da lernt ein Kind auch nicht wirklich viel davon. Es lernt nur, dass es da nicht mithalten kann wie bei perfekten Eltern. Wirklich beeindruckend ist es, wie Eltern mit dem umgehen, was ihnen selbst nicht gelingt, wie es im Alltag gut genug läuft – und manchmal eben auch mies.

Eltern beschreiben mir oft die Heimkomm-Szene ihrer Kinder. In dieser unnachahmlichen Mischung aus Tempo und Lustlosigkeit wird die Jacke zusammen mit der Mütze zu einem auf links gedrehten Knäuel in der Ecke verarbeitet, die Schuhe zusammen mit dem Ranzen durch den Flur gepfeffert. Irgendwann hängt das Kind am Tisch, aufm Stuhl der halbe Po, seufzt.

»Wie gut«, antworte ich da meist. Die Eltern können sich da wirklich auf die Schulter klopfen: Dieses Kind fühlt sich sicher und wohl zu Hause und hat dieses absolute Vertrauen. Manche Kinder finden dafür Worte: »Zum Glück kann ich hier meine Ellenbogen aufstützen, das darf ich in der Schule nicht.« Andere schweigen lieber. Man spürt durch die Grummeligkeit hindurch: »Hier darf ich so sein.« Wenn ich das so erzähle, kommen viele Eltern in so ein erleichtertes Lachen: »Puh. Okay.«

Das alles bedeutet nicht, dass Eltern nicht trotzdem nachher sagen dürfen: »Ich will aber gern, dass du die Schuhe dahin stellst, wo alle Schuhe stehen, und die Jacke aufhängst.« Aber es ist so wertvoll, das Jacke-Schuhe-Ranzen-Pfeffern nicht als Angriff gegen sich selbst zu verstehen im Stil von: Was fällt meinem Kind ein, sich so respektlos mir gegenüber zu verhalten? Und stattdessen zu sehen: Mein Sohn, meine Tochter macht es nicht gegen mich, sondern in dem Moment für sich.

Man muss sich die Situation einmal andersrum vorstellen: Der Partner kommt zur Wohnung rein, irgendwie eingedrückt, hält sich am Garderobenhaken fest, tiefer Seufzer, dann: »Teufel, was für ein Tag!« Würde man da losblaffen: »Jetzt ziehst du erst mal ordentlich deine Schuhe aus, hängst den Mantel auf, dann Händewaschen. Das Essen dampft nämlich, da können wir vielleicht in Ruhe reden.« Das macht niemand mit einem Erwachsenen. Da sagt man: »Brauchst du einen Moment für dich?«

Genauso sollten auch Kinder beim Pfeffern willkommen geheißen werden: »Wow, du bist froh wieder zu Hause zu sein?« Oder: »So wie du die Jacke fallen lässt, glaube ich, dass du ganz schön durch bist?« Die Kunst ist hier, erst mal den anderen und seine Not zu sehen. Und dann kann ja später kommen: »Hängst du sie nachher auf, wenn es wieder geht?« Dahinter steht: Mir als Mutter oder Vater ist nicht egal, wie du zu Hause bist, aber ich versuche zu erkennen, was mit dir los ist.

Kinder wollen grundsätzlich wertvoll sein – ganz besonders für die Eltern. Und das sind sie auch in solchen Momenten, indem sie ihren Eltern so viel Vertrauen entgegenbringen. Die Botschaft an die Eltern lautet, hier fühle ich mich sicher, hier darf ich so sein, hier darf ich mich gehen lassen. Das ist eine echte Liebeserklärung an die Eltern.

Wenn man Eltern fragt, wie sie für Kinder wertvoll sind, dann kommt oft die Versorgerkaskade: »Wir tun alles für euch. Wir rackern uns ab, werden zum Steigbügelhalter des Kinderglücks: Bitte schön, nur noch aufspringen! Fertig.« Und an der Stelle sind wiederum Kinder wertvoll für ihre Eltern. Sie werden signalisieren: »Diese Form von Selbstaufopferung, die wollen wir nicht von euch. Da geht es uns schlecht damit. Da werden wir zu eurer Belastung, und dann fühlen wir uns falsch und schmeißen die Himbeeren durch die Gegend. Uns geht es dann gut, wenn es euch ausreichend gut geht als Eltern, ihr euch gut um euch selbst kümmert.«

Für viele Mütter und Väter ist das erst mal schwer. Es geht dabei nicht um Fragen der Logik, denn der Zusammenhang, das Bedrängende dieser Steigbügelliebe, ist einfach zu verstehen. Aber hier kommt die überbordende Eigendynamik der Liebe ins Spiel: Die Eltern wünschen sich in ihrer Liebe zu den Kindern so sehr, dass es ihnen gut geht, dass sie sich darüber selbst vergessen. Warum sollte es noch wichtig sein, wie es uns geht?

Die Kinder dieser Eltern sind dann verantwortlich für die Zufriedenheit, für das Glück der Eltern. Da haben Kinder dann wirklich viel zu tun. Zu viel. Es ist einfach irre anstrengend, der einzige Sinn des Lebens der Eltern zu sein. Es ist belastend, glücklich sein zu müssen, damit es den Eltern gut geht. Die Liebe der Eltern ist dann ein Bedrängtwerden. Wohin mit Aggression und Wut, Kummer und Trauer, Frustration und Zweifel, die auch zum Leben gehören?

»Im unwahrscheinlichen Fall eines Druckverlusts fallen automatisch Sauerstoffmasken aus der Kabinendecke. Ziehen Sie die Maske ganz zu sich heran und drücken Sie sie fest auf Mund und Nase. Atmen Sie normal weiter. Helfen Sie danach Kindern und hilfsbedürftigen Menschen.« Erst die eigene Maske! Liebevolles Handeln ist ein bisschen wie Fliegen, inklusive Notfall. Es beginnt damit, dass Eltern die Verantwortung für ihr Leben übernehmen.

Liebevolles Handeln unterscheidet zwischen beliebt sein und geliebt werden. Beliebt machen sich Eltern, indem sie versuchen, es genau richtig zu machen, jedem Ärger zuvorzukommen, den Kindern alles recht zu machen, für alles wasserdichte Erklärungen mitzuliefern. Dann werden Eltern zum Servicepersonal der Familie ohne jede eigene Kontur. Geliebt werden Eltern als die Menschen, die sie sind, mit allem, was sie ausmacht. Da gehört dazu, dass sie sich mit ihren hellen und dunklen Seiten sichtbar machen. Da gehört dazu, dass sie sich auch mal gegenüber aufstellen und damit natürlich auch eine Herausforderung sind. Dass sie Nein sagen und gleichzeitig auch von ihren Kindern ein »Nein« hören.

Liebevolles Handeln heißt vorzuleben, wie das geht: die eigenen Bedürfnisse, die eigenen Grenzen zu formulieren, gut zu sich selbst zu sein, sich nicht zu überfordern. Die Alles-fürs-Kind-Eltern übersehen, dass sie in ihrer Überlastung einen Lebensstil, Ideale und Mechanismen vorleben, vor denen sie ihre Kinder eigentlich genau bewahren wollen. Eltern dürfen ihre Glückssuche nicht an die Kinder delegieren. Es ist das, was wir aus vergangenen Generationen kennen und heute oft die treibende Dynamik in Familien von Migrantinnen und Migranten ist: »Ihr Kinder sollt es mal besser haben als wir.« Das ist sehr gut nachvollziehbar, aber auch ein verdammt schweres Erbe für Kinder.

Babys sind mit ihren Bedürfnissen maßlos. Sie sind darauf angewiesen, dass sich Eltern kümmern und rund um die Uhr verfügbar sind. Werden die Kinder größer, sind Eltern dann wertvoll, wenn sie auf freundliche Art und Weise ihre Grenzen zeigen. »Ja, ich komme, aber ich komme in ein paar Minuten.«

»Meine Zeit gehört mir«, ist ein wichtiger Satz, den sich Eltern Stück für Stück, je älter die Kinder werden, zurückerobern müssen. Das heißt nicht, dass Eltern keine Zeit mehr mit ihren Kindern verbringen wollen, aber sie sind diejenigen, die über ihre Zeit verfügen, sie verteilen und einteilen. Erwachsene sind dann wertvoll für Kinder, wenn sie sich um sich selbst kümmern und nicht vom Kind erwarten, es müsste erahnen, was Papa oder Mama wollen oder nicht wollen. »Merkst du denn nicht, dass ...« »Das sieht doch jeder!« »Da musst du halt auch mal mitdenken.«

Kein Mensch wird als Mutter oder Vater geboren. Die Kinder sind das erste Mal Kinder und die Eltern sind das erste Mal Eltern. Ins Eltern-Sein dürfen wir reinwachsen, und es ist ein großartiges Geschenk dieser Zeit, dass wir uns zusammen mit unseren Kindern entwickeln dürfen – am Familientisch und darüber hinaus.

Anhang

Christine Ordnung ist Gründerin und Leiterin des Deutsch-Dänischen Instituts für Familientherapie und Beratung – ddif. Es entstand 2010 in Berlin als Nachfolgeinstitut des von Jesper Juul 1979 gegründeten *Kempler Institute of Scandinavia*.

Die Angebote in Berlin umfassen die vierjährige Familientherapieausbildung, eine zweijährige Weiterbildung »erlebnisorientierte Supervision«, den Kurs »Vom Gehorsam zur Verantwortung« (sechs Module) und Seminare für Eltern und Fachleute aus pädagogischen, therapeutischen und sozialen Berufsfeldern.

Deutsch-Dänisches Institut für Familientherapie und Beratung – ddif

Ebersstr. 80/80a, D-10827 Berlin
www.ddif.de
info@ddif.de
+49 (0)30 24 17 11 10

Seit 2019 wird die Ausbildung Erlebnisorientierte Familientherapie nach dem Konzept des ddif in Kooperation mit familylab.ch auch in der Schweiz angeboten.

Family Management GmbH
Caroline Märki

Lindenhofrain 6, CH-8708 Männedorf
familylab.ch
cmaerki@familylab.ch
+41 (0)78 788 38 79

Im Frühjahr 2020 hat Christine Ordnung mit den am ddif ausgebildeten Familientherapeut:innen die Hotline »reden-hilft« ins Leben gerufen. Eigentlich wollten sie damit ein spezielles Angebot für den Lockdown schaffen: niedrigschwellig, von zu Hause per Telefon, anonym und kostenfrei. Dann wurden die Gespräche mit den Anrufer:innen aber von allen Beteiligten als so fruchtbar erlebt, dass die Hotline heute zum festen Bestandteil des Instituts zählt. 2022 wurde der gemeinnützige Verein »Reden hilft e.V.« gegründet.

ddif – Hotline »reden hilft«
Tel. 030 814 529 90
Ansprechpartner:innen für alle
Das Telefon, an dem Familientherapeut:innen kostenfrei zuhören und beraten.
Auf Instagram @hotline_redenhilft